イスラーム文明とは何か

現代科学技術と文化の礎

塩尻和子

明石書店

はじめに

　本書は、筆者がNHK文化センター青山教室で2014年度に行った講座「イスラーム文明の伝播 ―― 近代科学技術と文化の源流」と、同文化センターさいたまスーパーアリーナ教室で2018年度に行った同名の講座の講義録をもとにして加筆編集し、イスラーム（アラビア）文明の幅広い全体像をわかりやすく解説したものである。本書は、7世紀以降のイスラーム社会が、当時、ほぼ廃れていたギリシア・ローマ文明を、それが異教文化の中で発展した文明であることに拘泥することなく、くまなく受容し真摯に学び発展させた経緯を解説し、さらに、イベリア半島におけるイスラーム世界とヨーロッパ・キリスト教世界との出会いから近代科学文明の発展へと続く歴史的展開を説明する。個々の学問領域については、簡単に概要を示すことにとどめ、できるだけ全体像を明らかにすることに努めた。

　イベリア半島におけるイスラーム文明の受容によって引き起こされたキリスト教徒とイスラーム教徒（ムスリム）相互の葛藤と反発の複雑な歴史についても、わかりやすく解説する。こうして、

イスラーム文明の本来の姿を学び理解することは、今日の世界で必要とされる文明間の相互理解と、未来へむかって人類が生き延びていくための共存に関する必要不可欠なテーマを学ぶことにつながるであろう。

今日の私たちの日常生活の中には、源を探れば、その基礎がイスラーム文明によってもたらされたものが多い。私たちが無意識に使っている英語やフランス語には、数字、鉱物、果物、植物、スパイス、料理、衣服、娯楽、化学薬品など、アラビア語に由来する単語が沢山ある。これらはイスラーム文明に直接向き合った歴史をもつスペインや、14世紀から始まるルネサンスの舞台となったイタリアで、アラビア語起源の用語が多く用いられたことによる。つまり、イスラーム文明は意外にも私たちの身近な日常生活の中に、今でも生きているのである。

我が国でも、イスラーム文明のいくつかの学問領域については、少数であるものの各種の研究書が出版されている。しかし、その一部の内容は多岐にわたる領域の一部分だけを、十分な整理も行わずに羅列してあるものが多く、非常に読みづらい。「イスラーム文明」の呼称についても「アラビア文明」は問題がないが、「サラセン文明」「アラビア人の文明」などと統一されないままに、名称だけ記述しているものが多く、その文明について詳細を語ることが少ないのは、残念なことである。したがって、イスラーム文明の時代背景や展開の推移などの全体像をわかりやすく解説した書籍は、これまで見られなかった。

しかも、この分野に関して日本で出版されている書籍の多くが英語やドイツ語で書かれたものの邦訳であり、イスラーム史についての正確な記述もとぼしいケースが散見され、アラビア語の単

語が不正確なカタカナ表記となっているという不備が目に付く。

　本書では、わかりにくいと言われるイスラーム文明の全体像を理解するために、何よりも正確な記述を心掛けた。また、世界史の参考書としても、現代科学技術や文化の由来について知ることができる教養書としても役立つように、読みやすさを心掛けた。本書によって、遠い世界のことと思われていたイスラーム文明に親近感を持っていただけたら、著者として望外の喜びである。

　2021年3月

塩 尻 和 子

バングラデシュ

ブルネイ

マレーシア

インドネシア

モルディブ

モーリシャス

イスラーム世界の広がり

※この他、南米のスリナムにも15%を超える
　ムスリム人口がみられる。

M Tracy Hunter(2014; CC BY-SA 3.0) を基に作成。

全人口中にムスリムが
占める割合

80%以上

50〜80%未満

15〜50%未満

15%未満

はじめに　3

序　章 ··· 13

1.　ギリシア文明とのつながり　15
2.　都市の宗教　19

第1章　イスラームとは何か ································ 23

1.　イスラーム略史　24
2.　アブラハムの宗教　27
3.　今日のイスラーム —— 世界第2位の宗教勢力　28
4.　在家の宗教 —— 政教一致的な理想　29

第2章　ギリシア科学の受容 ···························· 33

1.　ギリシア語文献の移入　33
2.　イスラーム支配の特徴
　　 —— 語られない2つの事実　35
3.　イスラーム文明の特徴　36

第3章　ギリシア文明の継承と発展
　　　　 —— 大翻訳事業 ································· 39

1.　ギリシア思想の導入　39
2.　イスラーム科学（アラビア科学）　41
3.　イスラーム科学の特徴　48
4.　ハッラーンとのつながり　49

第4章　イスラームのイベリア半島征服と
　　　　　ヨーロッパへの伝播 ························· 53

　　1.　後ウマイヤ朝期（756–1031）　53
　　2.　シリア方式の再興　55
　　3.　コルドバとトレドの役割　57

第5章　商業活動の発展と航海技術 ····················· 61

　　1.　イスラームと商業活動　61
　　2.　自由貿易地域の出現　63
　　3.　航海技術の進展　64
　　4.　鄭和（1371–1434?）の遠征　66
　　5.　旅行家イブン・バトゥータ（1304–68/77?）　69
　　6.　シチリアのイスラーム文化と
　　　　フリードリヒ2世（1195–1250）　70
　　7.　地理学者イドリースィー（1100?–65?）　72

第6章　エレガンスと生活文化 ························· 75

　　1.　『千夜一夜』　75
　　2.　『千夜一夜』の世界とズィルヤーブ（ジルヤーブ）　77
　　3.　エレガンスの基礎 —— ズィルヤーブの貢献　78
　　4.　料理とスパイス　80
　　5.　砂糖とコーヒー　83

第7章　錬金術、数学、天文学 ························· 89

　　1.　錬金術と化学（al-kīmiyā'）　89
　　2.　数学（al-riyāḍīyah）　92
　　3.　天文学　99

第8章　医学者と哲学者 ································105

1. 医学（ṭibb）の発達　105
2. イスラーム哲学の展開　111
3. アヴェロエスからスコラ哲学へ　115
4. 高名な哲学者　116

第9章　西洋中世哲学への影響 ·····················123

1. イスラームとの出会い　124
2. 初めてのラテン語訳クルアーン
   —— 不正確な翻訳　126
3. ラテン・アヴィセンナ主義とラテン・アヴェロエス主義　128
4. ラテン・アヴェロエス主義の禁止令　131

第10章　イスラーム芸術の世界
　　　—— アラベスクと建築 ····················137

1. イスラームと芸術　137
2. アラビア書道　139
3. アラベスク　141
4. 幾何学文様　144

第11章　十字軍の歴史とレコンキスタ ·················145

1. 聖戦はキリスト教の思想　145
2. 十字軍　150
3. レコンキスタ　155

第12章　西洋の発展 ── 脱イスラーム文明········159

1. 十字軍の後遺症 ── ゆがめられたイスラーム像　159
2. ギリシア・ローマへの帰還　161
3. イスラーム文明からルネサンスへ　163
4. ルネサンスにおけるイスラーム文明の役割　165

第13章　イスラーム文明・
　　　　近代文明の源流としての意義················169

1. イスラーム文明の影響を否定する人々　169
2. イスラームへの反感
　── ヨーロッパの一体感の確立　172
3. イスラーム文明とは何だったのか　174

アラビア語から英語に入った単語　187
本書で参照・参考にした文献　191
索　引　195

アラビア文字の転写表

文字名	アラビア文字	ローマ字	カナ表記	文字名	アラビア文字	ローマ字	カナ表記
alif	ا	’	（ア、イ、ウ）	ṭā’	* ط	ṭ	タ行
bā’	ب	b	バ行	ẓā’	* ظ	ẓ	ザ行
tā’	* ت	t	タ行	‘ayn	ع	‘	ア行
thā’	* ث	th	サ行	ghayn	غ	gh	ガ行
jīm	ج	j	ジャ、ジ、ジュ	fā’	ف	f	ファ、フィ、フ
ḥā’	ح	ḥ	ハ行	qāf	ق	q	カ行
khā’	خ	kh	ハ行	kāf	ك	k	カ行
dāl	* د	d	ダ行	lām	* ل	l	ラ行
dhāl	* ذ	dh	ザ行	mīm	م	m	マ行
rā’	* ر	r	ラ行	nūn	* ن	n	ナ行
zāy	* ز	z	ザ行	hā’	ه	h	ハ行
sīn	* س	s	サ行	wāw	و	w	ワ行
shīn	* ش	sh	シャ、シ、シュ	yā’	ي	y	ヤ行
ṣād	* ص	ṣ	サ行	hamza	ء	’	
ḍād	* ض	ḍ	ダ行				

（*印を付したものは太陽文字）

序　章

　イスラーム文明とは、7世紀から17世紀にかけて、当時の世界で最も知的完成度が高く、今日の人類が日々の暮らしの中で、意識的にであれ無意識的にであれ縦横に享受している現代文明の礎を確立した文明である。この文明はイスラーム世界の中で、ムスリム（イスラーム教徒）だけでなく、キリスト教徒、ユダヤ教徒、ヒンドゥー教徒、仏教徒たちが、ともに協力して関わった真の意味でのグローバルな文明であった。この文明はヨーロッパでルネサンスの扉を開き、その成果によって今日の広範な現代科学技術と文化が発達することになった。人類史の中で忘れることができない、極めて重要な役割と意義をもった文明である。

　私たちはイスラーム文明について、現在の私たちの暮らしには全く関係がない中世の時代の古い文明で、既に廃れている文明だと思っていないだろうか？　一方のヨーロッパ文明については、世界史の中で今日まで途切れることなく発展して、近代科学技術に受け継がれている優れた文明であり、それはギリシア文明から直接受け継がれ、ルネサンスを引き起こしてヨーロッパの近代化を促進したものであると、固く信じられてきた。

　しかし、歴史的事実は私たちに全く異なった文明の伝播経路を教えてくれる。いったんは廃れていたギリシア文明の遺産は、7世紀以降にイスラーム世界に受け継がれ、その文献のほとんどすべてがアラビア語に翻訳されて研究され、実用化されて展開し、巨大な融合文明を形成していた。ヨーロッパでルネサンスが発生したのは14世紀初頭からのことであり、それはイスラーム世界

に受け継がれて再生発展したギリシア文明がイタリアに伝わったことによるものである。

イスラーム文明の広範な発展と展開を支えたのは、イスラームという宗教とアラビア語という言語に基づく文化的一体性であった。私たちが日常的に使用する算用数字を「アラビア数字」と呼ぶように、今日の私たちの日常生活の中には、その源をたどれば、その基盤や原理がイスラーム文明によってもたらされたものがあることが明らかになる。イスラーム文明は、意外にも今日の私たちの暮らしに、深く結びついているものでもある。

一方の中世ヨーロッパの学問は、ギリシアからイスラーム世界にもたらされ大きな発展を遂げた文明が、キリスト教の思想と最初の巨大な融合を起こしたことに始まる。イスラーム世界で発展した文明は、イベリア半島を通過して、あるいは十字軍兵士によって、ヨーロッパへ伝わり、やがてルネサンスを経て近代科学の興隆につながることとなった。

今日のヨーロッパ諸語の中に、鉱物、果物、植物、スパイス、料理、化学薬品など、アラビア語に由来する単語が沢山あることは、その証拠の一部である。ヨーロッパの言語には、綿（quṭn）、米（ruzz）、レモン（laymūn）、砂糖（sukkar）、コーヒー（qahwah）、パエリア（baqāyah）、アルコール（al-kuḥūl）、アルカリ（al-qilyu）、代数学（al-jabr）、化学（al-kīmiyā'）、倉庫・雑誌（makhzan）、小切手（sakk）、など植物・果物・香辛料・料理・鉱物・学術名、日用品などの多くの言葉がアラビア語起源となっていること、算用数字を「アラビア数字」と呼ぶことなど、現代世界でもイスラーム世界の文化的一体性の名残をみることができる（括弧の中のアラビア語のローマ字転写については、12ページの転写表を参照されたい）。

この文明の中でも、錬金術から発展した化学、イブン・スィーナーに代表される医学、フワーリズミーに始まる代数学などは特筆される。現代でも計算法をアルゴリズムというが、これはフワーリズミー（al-Khwārizmī）の名前からきた言葉である。今日では、アルゴリズムはコンピューターが情報処理を行う際の基盤となっている。

フワーリズミーの『アル＝ジャブル・ワ・アル＝ムカーバラ（計算の抜粋の書）』の写本、最初のページ

イスラーム世界では、製紙法の発展、火薬の製造、羅針盤の実用化、天文表の作成、天球儀の作成なども特筆され、ほぼ 1000 年間にわたって、世界で最も進んだ科学技術を享受していたのである。

1. ギリシア文明とのつながり

イスラーム文明は、ダマスカス（現在のシリア共和国の首都）を首都としたウマイヤ朝時代（661–750）からその萌芽を見たが、本格的に形成されることになったのは、749 年にバグダード（現在のイラク共和国の首都）に都をおいたアッバース朝（–1258）が成立してからである。この文明の基盤となっているギリシア思想や科学がイスラーム世界に本格的に流入した時期は、アッバース朝の第7代カリフ（イスラーム社会の最高指導者、預言者ムハンマドの正式な後継者）であったマアムーン（在位 813–833）が、古代ギリシアの学

問的写本を収集しアラビア語に翻訳することを命じて、バグダードに「知恵の館」を建設した時期と重なっている。すでにウマイヤ朝の初期には、キリスト教徒の学者や官僚が重用されていたので、ギリシア語が宮廷の第一言語として用いられていた時期もあり、為政者たちのギリシア文明に対する親近感は、イスラーム政権の当初から養われていた。

　また、イスラーム文明がヨーロッパへ受け継がれる契機となったのは、ダマスカスを首都としたウマイヤ朝支配下のイスラーム軍が、711年にわずか400人ほどの手勢を率いて、イベリア半島をほぼ征服していたことにもよっている。このイベリア半島の征服は、武力によるものではなく、各地域と個別に協定を結び自治を認めることによって支配を固めたのであった。

　ダマスカスのウマイヤ朝が崩壊したのち、ウマイヤ家の生き残りの王子アブドゥッラフマーン1世が、苦難の末にイベリア半島、アンダルスのコルドバで新しい王朝を開いた。それが後ウマイヤ朝（756–1031）である。こうして711年から、最後のイスラーム政権ナスル朝（1232–1492）の終焉まで、約800年にわたるイスラームのスペイン支配が始まった。イスラーム王朝のスペイン支配は、広範なイスラーム文明がピレネー山脈を越えてヨーロッパへ伝播することに多大な効果があり、それによってヨーロッパに近代科学と文明が移植されることになったのである。

　当時、世界的に最も先進的な文明を享受していたイスラーム世界が、遅れていたヨーロッパ・キリスト教世界にどのような影響を与えたことか、そこには現代の私たちの想像を超える驚愕があった。ヨーロッパ社会が、アラブ人とイスラームに対する蔑視と嫌悪の矛盾を抱えながらも、イスラーム文明を学び、受け入れ、

発展させることがなければ、今日の現代文明は異なる形となっていたことであろう。少なくとも、8世紀から15世紀までのイスラーム世界で成し遂げられた学問上と科学上の成果や業績がヨーロッパに伝わり、一般に広く受け入れられたのが、遅くとも13世紀からのことであったという事実は、忘れてはならない。

　しかしこの文明は、主要な担い手がアラブ人のムスリムであったということを理由として、現代のヨーロッパでは無視され、誤解され、忘れられ、挙句の果てに故意に改竄までされた文明である。現代でも、「アラブがスペインを侵略したことは一度もなかった」（イグナシオ・オラグエの説、『イスラーム治下のヨーロッパ』14頁）として、イスラーム世界をアジアとアフリカだけに限定しようとする人々の主張が見られる。

　同様の立場から、フランシス・ハビエル・ソモネーの1870年の論文には以下の記述がある。

> イスラーム・スペイン文化の高い水準は、もっぱらアラブの侵入時にイベリア半島に住んでいた地元イスパニア人に依存している。イスパニア人こそが来寇したアラブ人、ベルベル人の豊穣な文化の形成に力強い貢献をなした。その結果、これら少数民族は急速に地元民の中に吸収・統合されていった。
> （前掲書、335頁）

　イスラームの侵入によって生じた言語上、宗教上の変化にもかかわらず、本質的にイスパニア的な伝統が持続されてきたとするこのような単純な「継続主義」や「伝統主義」は、20世紀に盛んにもてはやされた。1922年のオスマン帝国の滅亡や、その後に続

いたヨーロッパ列強による中東地域への植民地侵略などによって、いったんは途絶えたかに見えるイスラーム文明は、後発のヨーロッパ近代文明から見ると、もはや「存在しなかった文明」と考えられ、失われた歴史の中に埋没することになったのである。

　162ページで説明するが、19世紀前半のヨーロッパでは、古代のギリシア文明をそのままヨーロッパ文明の起源だと主張する「ギリシア愛護主義（フィルヘレニズム）」が主張されるようになった。西洋文明史では21世紀の今日でも、科学文明がギリシア・ローマから直接ルネサンスへと受け継がれたという主張が主流を占めている。こうして、ほぼ1000年もの長期間、当時の世界中に大きな影響を与えたイスラーム文明の存在が否定され、その代わりに浮かび上がってきたのは、ヨーロッパとギリシアの特別な関係の主張である。東京大学名誉教授で文化功労者の板垣雄三はこのような主張について、「文明の土台を全否定するものだ」とし、「欧米中心主義が犯した古代ギリシア横取りの所業の跡が歴然となってきたことは、もはや誰も否定できなくなりました」と批判している（板垣雄三「南原繁『国家と宗教 ── ヨーロッパ精神史の研究 ──』を読み直す」、南原繁研究会編2020年、15頁）。

　しかし近年、これらの作為的な「継続主義」や「伝統主義」への反論も盛んになってきている。イスラーム文明の影響が否定しきれないとなると、ヨーロッパ・キリスト教世界とイスラーム文明との邂逅について、屈折した表現ではあるが、『地中海世界のイスラム』にはカッラ・ド・ヴォーという男爵による、以下のような苦し紛れの言い訳が掲載されている。

　　私たちはアラブ人のなかに、ギリシア人のあいだに見られる

のと同様の偉大な天才、生まれつきの科学的想像力、「情熱」、思考の独創性などを見られると思ってはならない。アラブ人はなによりもまずギリシア人の生徒であって、かれらの科学はギリシア科学の継承であり、かれらはせいぜいそれを維持し、育み、いくつかの点でそれを発達させ完成させただけである。(『地中海世界のイスラム』W. モンゴメリ・ワット、1984 年版〈以下引用部同〉、55–56 頁)

しかし、彼はこのすぐあとに、以下のようにイスラーム文明の功績を認めざるを得ないのである。

アラブ人は実際、科学上の偉大な事績をなしとげた。発明したわけではないが、かれらはゼロ記号（すなわちアラビア数字）の用法を教えて、日常生活レベルでの算術の創始者となり、代数を精密な学問として発展させ、また解析幾何学の基礎をおいた。かれらが平面および立体三角法の元祖であるのは議論の余地のないことだが、もともとこの分野はギリシア人のあいだにはみられないものであった。天文学では、かれらは多くの貴重な観測を行った。(前掲書、56 頁)

2. 都市の宗教

世界史の全体像から見ても、早期に自然科学が発達したことも、イスラーム文明の特色である。自然科学は近代のヨーロッパ文明の中で大いに発展したが、近代以前の文明の中で自然科学が発達

したのは、ヘレニズム（ギリシア・ローマ）文明とイスラーム文明だけである。イスラームという宗教が生まれたのはアラビア半島の砂漠地域であるが、宗教教義は砂漠の伝統よりも都市の商人文化を背景としており、主な担い手が商人や手工業者であった点も、早急に各地に拡大した理由である。

　　ほぼ全中世を通じて、またほぼ全領域にわたって、西欧は、主として農業社会であり、封建社会であり、修道院の栄えた社会でした。これに対しまして、イスラーム世界の強みは、大都市、富裕な宮廷、それにそれらを結ぶ長い連絡網にあったのです。したがいまして、基本的には、独身を尊び、聖職をあがめ、階層制を理想とした西欧に対し、イスラーム世界は、じつに寛大で、官能的で、原理上平等であり、思弁の自由を享受する俗人の持つ考え方を持ち、両者は対照的でありました。（…）九・十・十一世紀のイスラーム諸国が、十四世紀に至るまでの中世キリスト教世界よりも、はるかに多量の、はるかに多種の、学問上の業績や科学上の成果を残したことは、疑う余地のない事実であります。（『ヨーロッパとイスラーム世界』R. W. サザン、22–23 頁）

　イスラームは、一般に「砂漠の宗教」として頑迷で後進的な側面が多いと批判されるが、実際には、当時の国際貿易の拠点を基盤として発展した「都市の宗教」である。サザンはイギリスを代表する中世史家であるが、彼が偏見を排して、「イスラーム世界の強みは、大都市、富裕な宮廷、それにそれらを結ぶ長い連絡網にあった」と言うように、イスラームの「都市性」によって、当

時としては驚異的な国際性を持った、開かれた社会を築いていたのである。

　　商業は実際、早くから人間社会の特徴をなしてきたものであるが、イスラム文明においてはこれがいつも特別な位置を占めてきている。イスラム教はなによりも商人の宗教であり、沙漠の宗教でもなければ農民の宗教でもない。(…) 沙漠はメッカの商人がそれを越えて商業活動を行う生活の場であり、それはあたかも、ヴェネツィア人などイタリア商人にとっての海のようなものであった。(『地中海世界のイスラム』31–32 頁)

　イスラーム文明がどのような文明であり、どのようにして今日に続く現代文明の礎となったのか、その伝播の道筋をたどる際に忘れてはならないことは、ヨーロッパ社会のイスラームとアラブ人にたいする複雑な感情を乗り越えて、文明の伝播と発展に尽くした人々の存在があるという事実である。後ウマイヤ朝によって直接イベリア半島にもたらされたイスラーム文明が、アラビア語からラテン語に翻訳されて、ピレネー山脈を越えヨーロッパ中央へ伝播したのは、何よりも、数人の啓明的な宗教指導者たちの存在、修道院を中心とする学僧の集団による強烈な向学心と血のにじむような努力、それを下支えしたユダヤ人たちの尽力によるものである。キリスト教の宗教指導者の中には、数少ないものの、教皇シルヴェスター 2 世や教皇クレメンス 4 世のようにイスラーム科学を学ぼうとした開明的な聖職者が存在したことも特筆される。
　中でも特にユダヤ人は、イスラーム支配下でアラビア語を習得

したものが多く、後述するように、アッバース朝期の「知恵の館」でムスリム、キリスト教徒、ゾロアスター教徒などとともに、ギリシア語文献のアラビア語への翻訳事業に貢献した。また、イベリア半島においても、キリスト教徒の学者を助け、アラビア語文献をラテン語に翻訳する困難な事業に従事したのである。

第1章

イスラームとは何か

　イスラーム文明を興したのは、610年にアラビア半島のマッカ（メッカ）の街で発生した一神教イスラームが西アジア一帯に広まり、次いでイベリア半島に展開した時代に生きた人々である。これらの人々はムスリムだけでなく、キリスト教徒やユダヤ教徒、ヒンドゥー教徒、仏教徒などであり、民族や宗教の枠を超えて、ともに協力して関わった文明であった。この文明は決して「アラブ人の文明」ではなかったのである。

イスラームの原義

　「イスラーム」の原義は「服従、平定、平和」などで、ここから神に全てを委ねることという意味が生じて「唯一なる神への絶対帰依」という用語となった。宗教の名称なのに「教」をつけないのは、イスラームという言葉に「道、

預言者ムハンマドが天使から神の言葉クルアーンを教えられる場面を描いた図、14世紀

教え」などの意味が含まれているからであるが、日本語で「イスラム教」と呼んでも間違いではない。

　イスラームで信仰の対象となる「神」は「アッラー」と呼ばれるが、これはアラビア語で「神」という意味の語であり、アッラーという名前の神ではない。「アッラーの神」という表現は間違いである。本書ではすべて「神」と表記する。

　イスラームの聖典は「クルアーン」（コーラン）と呼ばれるが、これは天使を通じてムハンマドにもたらされた神の言葉を集成したものであり、すべての言葉がまぎれもない神からの啓示であるとして信仰する。

　イスラームは、人間の霊的な側面のみを上位におくことをせず、精神的にも社会的にも普通の日常生活の中にこそ、神の教えに従う宗教的な修行の場があるとする在家の宗教である。日常生活から政治や経済に至るまで、神の規範を守ることが人間の義務とされるという、いわば「政教一致」を理想としているので、一般的な宗教の枠内には収まらない多様性がある。しかし「政教一致」と言っても、宗教家が政治の中心に座るという意味では決してない。イスラームでは、あらゆることについての決定権は宗教家ではなく政治家でもなく、信徒ひとりひとりにあるとされているからである。

1.　イスラーム略史

　イスラームは、前述のようにアラビア半島の商業都市マッカ（メッカ）で興った一神教である。商人であったムハンマドが神の召命を受けて預言者となり、宣教活動を始めた610年から、彼

が死ぬ632年までに神から授かった啓示をもとにして展開した。ムハンマドが生地マッカでの迫害を逃れるためにマディーナ（メディナ）へ移って（622年7月2日到着）、本格的に教団を設立した

マディーナにある預言者ムハンマドの廟(サウジアラビア大使館提供)

622年7月16日（この日は当時のアラビア半島の元日にあたる）をヒジュラ暦（イスラーム暦）元年とする。

　この移住、ヒジュラは、イスラームが名実ともに世界宗教となる大転回点となった。預言者ムハンマドは宗教的指導者であるばかりでなく、誕生したばかりの弱小集団を維持していくために、政治的指導者としても能力を発揮し、宗教集団は同時に政治集団ともなった。その後、イスラームの支配地域は急速に拡大した。ムハンマドが死去した632年6月8日までには、アラビア半島のほぼ全域がイスラームに改宗していたと伝えられる。

　イスラーム集団は「カリフ」と呼ばれる後継者の指揮の下で、641年に当時ビザンツ帝国（東ローマ帝国）の支配下にあったエジプトを征服した。しかし、このカリフ制度は4代で終焉を迎え（この4代のカリフを「正統カリフ」と称する）、その後、政権を把握した権力者がカリフを名乗ることとなった。661年にダマスカスを首都とするウマイヤ朝、749年にバグダードを首都とするアッ

バース朝が、それぞれのカリフの指揮のもとで、相次いで成立した。

　このようにイスラーム教徒が建設した帝国の最大版図はウマイヤ朝時代にもたらされた。711年にはイスラーム軍がわずか400人ほどの軍勢を率いてイベリア半島へ侵攻し、半島のほぼ全域を支配したが、このイベリア半島の征服は、武力によるものではなく、各地域と個別に協定を結び自治を認めることによって支配を固めたのである。ダマスカスのウマイヤ朝の滅亡後、755年にイベリア半島のコルドバに後ウマイヤ朝が成立すると、1492年にキリスト教徒側の領土回復運動（レコンキスタ）が完了するまでのほぼ800年間、イスラームはアンダルシア地方を中心にイベリア半島を支配し、ヨーロッパの文明形成に大きな影響を与えた。

　一方のアッバース朝は1258年まで続いたが、実質的に帝国としての権威を保持できたのはブワイフ朝がバグダードに入城した946年までである。その後も「カリフ」の位は存続したが、宗教上の権威として存続していたにすぎず、モンゴル軍のバグダード侵攻によって1258年に名実ともに滅亡した。8世紀以降、広大なイスラーム支配地域には数多くの王朝が林立し、互いに覇を競っていた。その後、1299年から623年間もアナトリアを中心に広大な地域を支配し、栄華を誇ったオスマン帝国が1922年に滅亡して、今日の西洋中心の世界秩序が出来上がることになる。

　イスラーム史を俯瞰的に検討すれば、イスラームの支配地域では、初期のウマイヤ朝時代からオスマン帝国時代に至るまで、王朝や政権の規模に関わりなく、統治者たちは様々な分野の学者を優遇し、周辺地域の先行する文化伝統を柔軟に受けいれて、支配地域に「科学アカデミー、学校、天文台、図書館」を建設し、創

造的な学問の形成を推奨してきた。その意味では、オスマン帝国が滅亡するまで、イスラームは、ある意味で政治的にも文化的にも世界の中心にあったことが理解される。

サウジアラビアのマッカ（メッカ）の義務の巡礼時の光景（サウジアラビア大使館提供）

2. アブラハムの宗教

　イスラームは、先行するユダヤ教、キリスト教と共通の祖アブラハムに由来する宗教として、同一の「セム的」伝統を持つ兄弟宗教である（ヘブライ語やアラビア語などをセム語族といい、それらの言語を母体として成立した一神教であるユダヤ教、キリスト教、イスラームを、同一の伝統上に成立した宗教としてセム的一神教という）。イスラームでは、ユダヤ教徒とキリスト教徒を神が啓示した同種の聖典をもつものとして「啓典の民」と呼び、イスラームの支配地域では保護民として、一定の税金（人頭税、ジズヤ）を課して信教、居住、職業の自由を保障した。

　近年までイスラーム国家内では教育、文化、金融業などの担い手としてユダヤ教徒、キリスト教徒が活躍した。現在でもイスラーム国家・地域にキリスト教徒も多く住む。近年になって用いられるようになった「ムスリムとユダヤ教徒とは2000年にわた

る父祖伝来の仇敵」であるという表現は、歴史的にも宗教的にも根拠がない。実際に1948年のイスラエルの建設までは、ユダヤ人との平和的共存が続いていた。「右手にクルアーン（コーラン）、左手に剣」という誤解と偏見は現在でも根強いが、イスラームが武力を背景に改宗を迫った事実は、ほとんど見られない。初期イスラームの急速な拡大の理由としては、イスラームの支配には、当時のビザンツ帝国の支配に比べて政治的な抑圧が少なく、税金の率も低かったということが挙げられる。また前述のように信教の自由を認めており、キリスト教の「三位一体論」などについての宗派間の論争には関与しなかったので、中東地域のキリスト教徒がイスラームによる支配を支持したことも大きな理由である。

3. 今日のイスラーム —— 世界第2位の宗教勢力

　創唱者がアラブ人ムハンマドであるためにアラブ人に固有の宗教と思われがちであるが、イスラームは成立当初から共存と融合を掲げた世界宗教である。イスラームは当時のアラビア半島に根づいていた頑迷な血縁主義や部族主義を打破して、人種、国籍、身分にかかわらず、あらゆる人間は全知全能の神の前では絶対的に平等であると主張した。また、基本的な教義を崩しさえしなければ、大幅な土着化が許容されたために、瞬く間に世界中に広まった。イスラーム教徒のことをアラビア語でムスリムという。

　現在イスラームは、世界中で18億人ともいわれる信徒を抱える、世界第2位の宗教勢力である。ムスリムが多数を占める地域は、アフリカの大西洋岸から東南アジア、ヨーロッパ、中央アジア地域、中国の西北部まで分布している。インドネシアは約2

億 5 千万の人口の 87％ がムスリムで、世界最大のイスラーム国家である。東南・南アジアではほかにマレーシア、バングラデシュ、パキスタンなどもイスラーム国家である。当然ながら、アラブ諸国、つまり北アフリカや中東の国々はほとんどがイスラーム国家である。アメリカのピュー研究所の最近の統計によると、2016 年にヨーロッパでは 2580 万人以上のムスリムが住んでおり、北アメリカでもユダヤ教徒の人口に近づく勢いで増加しているといわれる。

4. 在家の宗教 —— 政教一致的な理想

　イスラームの基本的な教義である「政教一致の理想」については、「政教一致だから、後進的で独善的である」という批判を受けることがあるが、宗教指導者が政治を支配するという意味での「政教一致」ではない。原則として聖職者階級の存在を認めないイスラームでは、あらゆることに決定権をもつのは、信者ひとりひとりである。信者は宗教的・精神的に神に従うだけでなく、社会生活上でも日常生活上でも、神の規範に従うことが求められるという意味であることに注意をする必要がある。

　つまり、前述のサザンが「基本的には、独身を尊び、聖職をあがめ、階層制を理想とした西洋に対し、イスラーム世界は、じつに寛大で、官能的で、原理上平等であり、思弁の自由を享受する俗人の持つ考え方を持ち、両者は対照的でありました」と述べていることにつながっている。

　したがって、この「政教一致」はあくまでも宗教上の理想であり、イスラーム社会の中でこの理想が実現されたことは、歴史上、

一度もない。

　イスラームは、シーア派のイマーム（預言者ムハンマドの血を引く子孫の中から選ばれる救世主）への崇拝や、土着の聖者崇敬などの例外を除いて、原則として聖職者を認めず、出家や隠遁生活を評価しない。教会や本山にあたるような教団組織を持たないために、共同体（ウンマ）の決定事項については、信徒ひとりひとりの見解の一致が重要視される。しかし、実際にはウラマーと呼ばれるイスラーム法学者の見解の一致が実効力をもっていることが多い。ウラマーはイスラーム社会の指導者として、ある意味では聖職者の役割も果たしているが、彼らの見解や発言には「神聖性」や「絶対性」は認められていない。

　このようなイスラーム社会の中で、異教の世界で発達したギリシア文明がどのように受け継がれ、咀嚼され、展開されてきたのか、これから詳細に見ていくことにしよう。

スンナ派とシーア派

　イスラームには大きくわけて2つの分派がある。信徒の90％を占める多数派のスンナ派と約10％の少数派のシーア派である。シーア派とは、もともと「アリーの党」という意味の「シーア・アリー」に由来する。第4代の正統カリフとなったアリーを第1代のイマーム（共同体の首長、救世主）として成立した宗派である。

　その主な教義は、①預言者ムハンマドの従弟で女婿のアリーとその子孫を絶対無謬のイマームとして崇敬する。イスラーム共同体の正統な後継者として、アリーとその後裔、つまり聖家族「ムハンマド家の人々」以外には認めない、②神は至高の存在であるために人間はその意思を直接知ることはできない。神の言葉クルアーンは「クルアーンを支えるイマーム」を通さなければ信仰できない、といったものである。

シーア派聖家族（出所：森本一夫著『聖なる家族』山川出版社）

　シーア派には誰を後継イマームとするかで多くの分派が存在するが、現在のイランはシーア派を国教としており、12代までのイマームを認める12イマーム派に属している。12イマーム派はシーア派の中でも多数派を占めているために、一口にシーア派と言えば、12イマーム派を指すことが多い。一般に多数派のスンナ派とは互いに正統だと認めあっているが、近年、政治的な面で対立することが多くなった。（『イスラームを学ぶ』塩尻和子著、NHK出版、75–82頁）

第2章

ギリシア科学の受容

　イスラーム文明は外来のギリシア科学を受け継いで発展したものである。イスラーム文明は、文明活動に携わる人々が必ずしもムスリムではない場合も多く、民族間・文明間・宗教間の共存によって発展した、世界史的にも稀有な文明である。イスラームの統治下で発展したために一般に「イスラーム文明」と呼ばれるが、ほとんどすべての研究・著作がアラビア語を用いて行われたために「アラビア文明」とも呼ばれる。

1.　ギリシア語文献の移入

　キリスト教を国教とするビザンツ帝国の皇帝ユスティニアヌスは529年に、ギリシアの学問が多神教時代のものであるとして、プラトンがアテネに創設して以降900年間余の長い間、世界有数の研究機関として運営されてきたアカデメイアを閉鎖した。そのため、ギリシア語の文献がおもにハッラーン（トルコ南東部）とジュンディーシャープール（イランの西部）の町に集められ、ビザンツから逃れてきた学者たちが中心となって、ギリシアの哲学書や科学書、医学書などが研究され、また当時のシリア語に翻訳されていた。

　このシリア語訳のギリシア語文献が、アッバース朝期になると、カリフの命令でバグダードへ移され、「知恵の館」の大翻訳事業

ハッラーンの廃墟

へとつながった。やがてムスリム、キリスト教徒、ユダヤ教徒た
ちとの共同作業によって、ほとんどすべてのギリシア語文献が、
直接アラビア語に翻訳されるという一大翻訳事業が展開された。

　当時のイスラームの支配者たちが、異なった民族や宗教の下で
発展した文明であっても、人類の利益となる学問であれば、何で
も受け入れるという寛容で現実的な姿勢を持っていたことも、外
来の文明を柔軟に受容して、さらに発展させる意欲につながった
のである。

　その結果、アッバース朝の都バグダードを中心に、哲学、数学、
医学、薬学、化学、天文学などの現代の科学技術につながる輝か
しいイスラーム文明が発展したのである。そういう意味では、世
界の文明史においてハッラーンとジュンディーシャープールの町
が果たした役割は非常に大きいが、両都市ともに今では荒れ果て
た数本の柱や小さいアーチなどが残る寒村となっており、世界の
秘境の１つとなっている（ハッラーンについては第３章４も参照）。

2. イスラーム支配の特徴
—— 語られない2つの事実

　なぜイスラーム支配下でギリシア文明の受容が起こったのかという謎を解くヒントは、イスラーム社会の2つの「語られない事実」にある。

　1つは、イスラーム支配下ではアッバース朝以降、各地に展開した小王朝の時代であっても、統治者たちが支配地域に「科学アカデミー、学校、天文台、図書館」を設立して、学問を奨励したことである。また金曜日の集団礼拝が可能な大規模のモスク「ジャーミア」には、ほとんどすべてに付属図書館が設置されていた。小規模な国家であっても、安定的な政権となれば科学政策を重要視し、開明的な科学政策が実施されたために、各地で輝かしい文明が発展した。

　また、当時のイスラームの支配者たちが、異なった民族や宗教の下で発展した科学であっても、人類の利益となる学術であれば、何でも受け入れるという寛容で現実的な姿勢を持っていたことで、ギリシア科学を柔軟に導入し、さらに発展させる意欲につながったのである。これが2つ目の「語られない事実」である。

　これらの歴史的事実は、あまり語られることがなく、欧米の歴史家からは無視されがちであるが、アラビア語で記された膨大な古文書によって、また遺跡の調査などによって、事実は解明されている。

　さらに、統治者の意識とともに、イスラーム科学と文化の勃興に大きな役割を果たしたのはアラビア語である。広大なイスラーム世界で科学技術の発展と伝播を成功させたのは、紛れもない神

サマルカンドのレギスタン広場、ここにウルグ・ベクの学問所があった。

の言葉とされる聖典クルアーンの用語、神に選ばれた「アラビア語」であった。イスラームの宗教儀礼はクルアーンの聖なる言語であるアラビア語によって行われるために、世界中のムスリムの間に、アラビア語を母語としない人々にも、アラビア語は宗教言語として普及していき、やがてムスリムの共通語となったのである。つまりイスラーム世界には、イスラームの宗教とアラビア語という文化的一体性が生まれていたのである。

3. イスラーム文明の特徴

　イスラーム文明の特徴を簡単にまとめると、融合的で普遍的で、世界的な広がりをもった文明である、となる。
　イスラーム文明は、先行する西アジアのメソポタミアとエジプトの文明を基盤として、イスラームの信仰とムスリムの共通言語

としてのアラビア語という一体性の上に、流入してきたギリシア文明が主導的地位をとって、互いに溶け合って成立した融合文明である。

　世界宗教であるイスラームが民族や血縁、人種、社会階層などを超えた普遍性をもつために、イスラーム軍が征服したり宗教が伝播したりした土地の伝統文化、各地の地域的・民族的特徴などを加えて、さらに普遍性をもった文明となった。

　イスラームがアラビア半島に起こり、北アフリカ、西アジアに広がり、さらに周辺のアジアやヨーロッパや中国の文明形成過程にも大きな影響を与えたために、地球規模の広範囲な文明となり、現代の科学技術発展の基礎を築いたのである。

第3章

ギリシア文明の継承と発展
—— 大翻訳事業

　紀元前385年ころプラトンによってギリシアのアテネに開設
されたアカデメイアは、900年にわたって学問研究の中心として
古代ギリシア思想や科学を受け継いできたが、前章で述べた通り
529年に東ローマ皇帝ユスティニアヌスによって閉鎖された。古
代ギリシアの思想は、キリスト教以前の多神教時代の学問だとし
て排除されたのである。そのために学者たちは貴重な書物や資料
の散逸を恐れて、それらをトルコやイランの寒村に三々五々運び
込み、各地で小さな研究機関を設立していた。そこではイスラー
ム支配下に入っても、ギリシア科学の研究が自由に継続されてい
たのである。

1.　ギリシア思想の導入

　イスラームが到来しても、ハッラーン（トルコ南東部）とジュン
ディーシャープール（イラン西部）ではギリシアの哲学書や科学書、
医学書などが自由に研究されていた。アッバース朝期になると、
第7代カリフ、マアムーン（在位813–833）が古代ギリシアの学
問的写本を収集しアラビア語に翻訳することを命じて、バグダー
ドに「知恵の館」を建設した。この翻訳事業の担い手は主にネス

トリウス派のキリスト教徒やユダヤ教徒であり、当初は既にシリア語に翻訳されていた書物をアラビア語に翻訳することから始められた。ネストリウス派とは、431年のエフェソス公会議での三位一体論を巡って異端とされたキリスト教の分派であるが、当時、トルコやシリア地方で活動をしていた。信徒らは日常語としてシリア語を用いていたのである。

そういう意味では、世界の文明史においてこれらの寒村が果たした役割は、非常に大きいが、いまでは荒れ果てた数本の柱や小さいアーチなどが残るのみで、世界の秘境の一つとなっている。

ギリシア語文献の中でも、プラトンの『国家論』やアリストテレスの『形而上学』、『霊魂論』はイスラーム世界に決定的な影響を与え、とくに哲学の分野では、後のイブン・スィーナー（980-1037、ラテン名アヴィセンナ）やイブン・ルシュド（1126-98、ラテン名アヴェロエス）のような、ヨーロッパのスコラ哲学に大きな影響を与えた学者が輩出した。

アッバース朝下のユダヤ人

イスラーム支配下のユダヤ教徒は少数ではあったが、イスラーム以前からその地に定住していた「原住民」であり、経済的にはヨーロッパのキリスト教社会に居住する同胞たちに比べると豊かで、現地に溶け込んだ自由な活動を行っていた。政治的な立場では制約を受けていたが、彼らはムスリムの支配下で国際交易に従事するなど、比較的穏健な生活を送ることができ、後世に続くラビ・ユダヤ教の伝統を形成することができた。アッバース朝期のバグダードおよびその周辺地域に居住したユダヤ教徒の精神的支柱となったのは、イェシヴァと呼ばれるバビロニア・ユダヤ学院の存在であった。イェシヴァの運営経費として、アッバース朝政府から地方税の一部が支払われており、残りはユダヤ教徒の献金か

ら賄われていたが、イスラーム政府は、こうして啓典の民（50ページ参照）であるユダヤ教徒を「保護民」として、その教育機関を文字通り保護していた。知恵の館で行われた翻訳事業にユダヤ人が参加したのには、このような共存の背景も指摘される。

2. イスラーム科学 （アラビア科学）

イスラーム科学とは、8世紀後半から15世紀にかけて、イスラーム地域において発展した科学を指すが、アラビア語を用いて研究・著述されたために、アラビア科学ともいう。アラビア科学と言っても、「アラブ人」の科学を意味するわけではない。

当初はアラブ人の学者の数はむしろ少なかったが、イスラーム王朝の支配のもとで言語・風俗・習慣が統一されることにより、イスラームという宗教思想とアラビア語という言語の共通の場において発展したために、アラビア科学とも呼ばれる。担い手の人種や宗教には関わりなく、イスラームとアラビア語に基づく文化的一体性のもとで、発展した文明であった。

イスラーム文明の発展史を3段階に分けて、それぞれの特徴を考える。

（1）アッバース朝初期 —— 8世紀後半から9世紀

アラビアの世界では、哲学、論理学、医学、薬草学、天文学、数学、化学、錬金術などは馴染みの乏しい外来の学問であった。そこでイスラーム科学は、まず、アッバース朝期にギリシア科学の高度な伝統を大量に受け入れることから出発した。749年に始まるアッバース朝の支配下では、新しく首都となったバグダー

ドの都で、第5代カリフのハールーン・ラシード（『千夜一夜』
の時代のカリフ）をはじめとする歴代カリフの知的好奇心によっ
て、ペルシア人研究者一家の存在や、前述のハッラーンやジュン
ディーシャープールからもたらされるヘレニズムの影響などによ
り、科学研究が急速に開花した。

　ハールーン・ラシードの息子で7代カリフのマアムーンはバ
グダードに国際文化研究所ともいえる「知恵の館」を創設した。
前述のように、ここでは、残されていたギリシア文献のほとんど
すべての著作がアラビア語へ翻訳された。それによって錬金術、
哲学、数学、天文学、医学などが発達した。

（2）黄金期 —— 10世紀から12世紀

　アッバース朝の弱体化に伴って、各地に多くの王朝が成立した
が、それらの諸王朝のもとでも科学技術が発達した。アッバー
ス朝のバグダードだけでなく、東（ペルシア、中央アジア）のサー
マーン朝、ガズナ朝、西（イベリア半島）の後ウマイヤ朝、中央部
（エジプト）のファーティマ朝などの王朝下で、またスペインのコ
ルドバ、エジプトのカイロ、中央アジアのブハラやサマルカンド
などイスラーム支配下の各地域において、イスラーム科学が咲
き誇る黄金時代が到来した。この最盛期を代表する学者の中で
最も高名なのは、イブン・スィーナー（980–1037、ラテン名アヴィ
センナ）である。イブン・スィーナーの医学と哲学の領域におけ
る西洋世界への影響は非常に大きかった。今日までに確認されて
いる著作の数は大小合わせて130点を超え、その範囲は詩やク
ルアーン注釈にまでおよんでいる。代表作は、論理学・自然学・
数学・形而上学・実践哲学を含む大著『治癒の書』と、『医学典

範』（『医学綱要』とも言う）である。彼の『医学典範』は医学理論と臨床的知見との集大成で、18世紀までヨーロッパ各地の医学校で基礎医学の教科書として用いられた。哲学書も13–14世紀のヨーロッパで「ラテン・アヴィセンナ主義」として熱心に研究された（「ラテン・アヴィセンナ主義」については第9章3で説明する）。

（3）アンダルシア・モンゴル期 —— 13世紀から15世紀

　12世紀以降、西洋世界がアラビア科学を移入消化し、しだいにこれを克服しようとする中、イスラーム世界では15世紀にいたるまで、スペインのアンダルシア地方（アラビア語ではアンダルスと称し、イベリア半島のほぼ全域を指していた）、北アフリカ、中央アジアなどで依然発展を続け、学術の最後の光を放っていた。

　西方のアンダルシア地方ではイブン・ルシュド（1126-98、ラテン名アヴェロエス）が有名で、哲学者・法学者・医学者として活躍した。イブン・ルシュドの哲学も、13–15世紀にパリやダキアで「ラテン・アヴェロエス主義」として大いに研究された（イブン・ルシュドと彼の時代を描いたミュージカル映画『炎のアンダルシア』がある）。

　さらに中央アジアでは、ティムール朝第4代君主のスルタン（国王・領主などの意味）、ウルグ・ベク（1394-1449）がサマルカンドに高度なレベルの天文台を建設し、多くの学者を雇用して現代でも通用するほどの緻密な天文表を作成するなど、学芸君主として名高かった。

　ウルグ・ベク配下の学者たちは、太陽年（1年間、回帰年ともいう）を365日5時間49分15秒と観測したが、2019年の観測数値365日5時間48分45秒と比べても誤差は少ない。太陽年は

上／サマルカンドにあるウルグ・ベクの天文台跡
下／ウルグ・ベクの天文台の内部。大理石を用いた
観測器が作られていた。（Alaexis 撮影、CC BY-SA 2.5）

毎年短くなるが、当時の機器を使い原始的な方法で観測したこと
を思えば、これはきわめて正確な数値である。1437年あるいは
1441年に完成したウルグ・ベクの観測数値は、近代まで世界で
最も正しい数値として、多くの暦の作成に用いられていた。

　当時のサマルカンドでは建設事業が盛んになり、天文学、数学、

暦学などの分野の多くの専門家たちが集まった。学芸君主として数々の学術発展に貢献したウルグ・ベクの治世はトルキスタン文化（トルキスタンは中央アジアのトルコ化した地域の歴史的名称）の黄金期と呼ばれているが、彼自身は君主としての在位はわずか2年間で、政争の中で長男の配下に殺害されるという不幸な生涯でもあった。

（4）オスマン朝期 ── 文明の最後の輝き

　1299年にアナトリアに成立したオスマン朝は、ムスリム・トルコ系の王朝として次々と領地を広げていった。17世紀の最大版図は中東からアフリカ・ヨーロッパまで拡大し、東西はカスピ海沿岸のアゼルバイジャンから北西アフリカ・モロッコに至り、南北はアラビア半島南端のイエメンから東欧のウクライナ、ハンガリーに至る広大な領域に及んだ。16世紀の初頭以降は君主専制的・中央集権的帝国体制を確立して、1453年には第7代スルタンのメフメト2世がビザンツ帝国を滅ぼし、その首都コンスタンティノープルを征服してイスタンブルと改名するなど、最盛期にはマッカ、マディーナのイスラームの二大聖都を掌握して、イスラーム世界におけるスンナ派の世界帝国としての威光を放っていた。

　広大な版図内には多数の民族・言語・宗教・文化が入り混じっていたために、19世紀に入るとナショナリズムの影響を受けて民族運動が次々と起こるようになった。ヨーロッパ列強の介入を避けきれず、さらに近代化に乗り遅れて急速に弱体化が進んだ。諸外国から「瀕死の病人」と呼ばれるようにもなり、第一次世界大戦の敗戦国側に陥ったことなどの不運も重なって、最後のイス

ラーム帝国は1922年に滅亡し、トルコの民族国家として現在の
トルコ共和国が成立した。

　623年間も続いたオスマン朝の時代は、イスラーム文明にとっ
ても最後の輝きとなった。最盛期には広大な領土を獲得したオス
マン朝では哲学、医学、科学などの分野では創造的な新しい学問
は現れなかったが、各地で展開していた伝統的な文明は、帝国の
豊かな財政に支えられて、ますます洗練されたものが生み出され
ていった。

　建築の分野では、イスラーム文明の伝統様式を発展させて、オ
スマン建築と呼ばれる美しい様式が発展した。ブルーモスクとも
呼ばれるスルタン・アフメット・モスクを筆頭に、スレイマニ
エ・モスク、トプカプ宮殿、ドルマバフチェ宮殿など、多くの優
れた建築が残されており、現在でもトルコ各地で見学することが
できる。

　建築物の壁面を飾るタイル画に代表される陶芸も、16–17世紀
のイズニク（トルコの北西部の町、陶器やタイルの産地）で、現在の技
術では再現できないと言われるほどの鮮やかな青色を中心とした
彩色陶器が生産されていた。イスタンブルのモスクの壁を飾るタ
イルはすべてイズニク産だと言われている。

　絵画や書道の分野では、伝統的なアラベスク文様やアラビア
書道に加えて、中国絵画の技法を取り入れた細密画が作成され、
また、ヨーロッパ絵画の影響を受けて遠近法や陰影の技法も採
用された。音楽の分野では、アラブ音楽を受け継いで洗練され
た2種類の音楽が、オスマン帝国の遺産とされている。ウード
（リュート）などの弦楽器や笛を用いた優美な宮廷音楽と、ラッパ
や太鼓などによって構成される勇壮な軍楽である。

イスタンブルの天文台

オスマン朝の首席天文官のタキユッ
ディーンは、1574年に即位したムラト3
世に、ウルグ・ベクのサマルカンドの天文
台に匹敵する大規模な天文台の建設を請願
し、1577年に天文台は建設された。天文
台は二棟の大きな建物から成り、イスタン
ブルのヨーロッパ側を見下ろす丘の上に建
設されていた。現代の研究所と同じよう
に、図書館を中心として、スタッフの居住
区域、恒星時（恒星の動きを観測値と計算に
よって割り出す学問）を表示する天体観測の
各種の装置を収容する建物に分かれていた。
ここに巨大な渾天儀（中国で紀元前2世紀頃
から用いられていた天体観測器、アストロラー
べと似ている）と機械式の天文時計があり、
後者は惑星の位置を測定するためのもので
あった。タキユッディーンはこれらの装置
により、惑星や太陽や月の動きを記した古
い天文表を更新しようとした。

しかし、この天文台はウルグ・ベクの天
文台のようにイスラームの天文学を発展さ
せることはできなかった。天文台の完成

ムラト3世の天文台で
働く人々の図。右端の上
部、二人目の白いターバ
ン姿がタキユッディーン
だと思われる。中央の下
部に地球儀があるが、ア
フリカ南岸の喜望峰がみ
えることから、大航海時
代のヨーロッパで作成さ
れた地図に影響されたも
のであろう。東西の文化
交流の証拠となる貴重な
絵画である。

後、間もなく空に巨大な彗星が現れたので、タキユッディーンはムラト
3世の命令で、その彗星が示す予兆（政権の吉兆を占う現象）を調べたが
うまくいかず、帝国内では疫病も発生するなど、様々な悲劇的な要因が
重なり、期待された成果も上がらなかった。建設からわずか3年後の
1580年に天文台は破壊されてしまったが、イスラームの天文学から学
ぶだけであったヨーロッパの天文学は、このころから大きく飛躍して独
自の発展をするようになったのである。

これらの宮廷音楽と軍楽は独自の楽器の発展とともにヨーロッパに伝わり、各地の軍楽の発展に大きく貢献し、またのちにポピュラー音楽の発展にも大きく寄与した。この軍楽は主に戦場で演奏されることが多かったので、ヨーロッパではオスマン朝の常備歩兵だったイエニチェリの音楽として恐れられていたが、第一次世界大戦時に戦意高揚のために採用されたことから、今日では民族音楽として保護されている。有名な「トルコ行進曲」はこのトルコの軍楽に刺激を受けて、多くの作曲家が競って作曲したものであり、日本でも楽しまれている。

　最後の世界的なイスラーム王朝となったオスマン朝では、イスラーム文明の遺産を有利に使用して先端的な栄華を誇ったが、新しい学問の創造につながる科学的発展は望めなかった。

3.　イスラーム科学の特徴

　これらのイスラーム科学に共通する特徴は、イスラームの信仰に基づいて神と自然の統一性が前提とされ、その調和が求められていた点である。それを研究する学者も、現代のようにたんなる専門家ではなく、その多くは一人何役もできる総合的な知識人であった。今日、私達が彼らを数学者、天文学者、化学者、医者などと分類しても、それは彼らがそれぞれの領域でとくに著しい成果を挙げたからにすぎない。ヨーロッパのルネサンス期の学者と同様に、多芸多才で何でもできる有能な学者としての役割を担ったが、あくまでもムスリムとして活動をした点にも特徴がある。

　また、イスラーム科学は、ギリシア科学という多神教の異教の世界からもたらされた学問の研究から発展していったが、これは

イスラーム社会が現実的・実践的なものを重視し、人類の福祉に益するものであれば、どこから得たものでも取り入れるという考えによるものである。そういう意味では、今日の「実験科学」に通ずる特徴をもっていた。

その結果、イスラーム科学から発展した科学技術は、当時の世界で最高水準のものであり、医学や哲学、化学、天文学だけでなく、広く生活文化に取り入れられていた。今日、料理やスパイス、野菜、果物、鉱物などの日用の語句に多くのアラビア語起源の用語が残されているのも、このためである。(第7章2で説明するが)フワーリズミーの代数学 (アルジェブラ) はその一つである。

4. ハッラーンとのつながり

第2章で述べたように、ギリシア科学がイスラーム世界に導入される契機となったハッラーンの町の存在は忘れてはならない。ビザンツ帝国の皇帝ユスティニアヌスによって529年に閉鎖されたアカデメイアから、当時まで残されていたギリシア語の文献を集めて、哲学書や科学書、医学書などが研究されていたハッラーンはトルコ東南部に現存する。イスラーム文明が発展する最初の貢献をなしたハッラーンの学者たちの、世界文明史における貢献は計り知れないが、今日、その功績は正当に評価されていない。ハッラーンの住民たちが何者であったのか、今でもはっきりしないことが多いからである。

クルアーンに「啓典の民とは、ユダヤ教徒、キリスト教徒、サービア教徒である (クルアーン、第2章62節)」と書かれている。「啓典の民」とは、イスラームにおいて、同じ聖典を共有する兄

弟宗教の信徒を指しており、一般にはイスラームと同じ唯一の神を奉じるユダヤ教徒とキリスト教徒が兄弟宗教の信徒であるとされるが、サービア教徒がどのような宗教の信徒なのかについては、今日でもはっきりしない。一説にはイスラームの大征服期にハッラーンに住んでいた人々が、自ら星辰信仰をするサービア教徒と名乗り、啓典の民であると主張したと考えられている。すでに述べた通り、ハッラーンの人々はシリア語を話し、ギリシア語文献をシリア語に翻訳するという初期の翻訳事業において多大な貢献をなしたが、彼らはアッバース朝からの弾圧を避け、保護民として認められるために、クルアーンに記されているサービア教徒という「啓典の民」を名乗ったとも言われている。

　ハッラーン出身のサービト・イブン・クッラ（836–901）は、イスラーム科学初期の代表的な学者であり、シリア語を母語として話すサービア教徒であったと言われる。才能を見出されてバグダードで学び、晩年はカリフに仕えた。あらゆる分野での著作があるが、とくに数学・天文学や医学での活躍が有名で、ギリシア学術のイスラーム世界への導入に貢献し、アルキメデスやアポロニウスなどの著作のアラビア語への翻訳を行うとともに、ユークリッドやプトレマイオス、ガレノス、アリストテレスなどの著作の注釈を行った。

　サービト・イブン・クッラをはじめとするハッラーンの学者たちの活躍によって、イスラーム世界では、ギリシアの文化遺産が、文学や劇も含めて、ほとんどすべてが導入されることになり、それによって、当時の世界最新の科学知識や科学技術が発展したのである。

ハッラーン遺跡

世界最古の大学と看板が出ていたが、荒れ果てていた。(2014年3月)

トルコ南東部のシャンルウルファの町から車で1時間ほどの距離にある。アブラハムにちなむ場所として、ヘブライ語聖書でハランとして触れられている古代都市の遺跡である（創世記11章31–32節）。この町が世界文明史において、非常に重要な役割を果たした町であることは、あまり知られていない。紀元前387年頃にプラトンが創設したギリシアのアカデメイアを引き継いで、古代ギリシアの文献を現在に伝える役割を果たしたのが、このハッラーンとジュンディーシャープール（現在のイラン西部、ゴンデシャープールとも）の学問所であった。

第4章

イスラームのイベリア半島征服と
ヨーロッパへの伝播

　イスラーム文明はアラビア半島から起こって西アジアに広がったものであるが、西アジアにとどまらず、周辺のヨーロッパや中国の文明にも大きな影響を与えた。

　イベリア半島のトレドやシチリア島を通じてキリスト教世界である中世ヨーロッパに大きな文化的影響を与え、さらにルネサンスの展開の刺激となった。また中国文明に対しても、唐以来のムスリム商人の交易を通じて影響を与え、中国史の中でも明の鄭和のようなムスリムの活動も大きい。このようにイスラーム文明はその最盛期には世界的な広がりを持つ文明となったのである。

1. 後ウマイヤ朝期 (756–1031)

　750年にダマスカスを首都としたウマイヤ朝が崩壊したのち、ウマイヤ家の生き残りの王子アブドゥッラフマーン1世が、苦難の末にイベリア半島へ渡り、自らアミール（将軍）を自称してアンダルシア地方のコルドバで王朝を開いた。それが後ウマイヤ朝である。イベリア半島の大半は711年にウマイヤ朝軍によって占領・支配されていたので、最後のナスル朝がレコンキスタによって滅亡する1492年まで、イスラームのイベリア半島支配は

約800年間続くことになる。

　すでにイスラーム支配下に入っていたアンダルシア地方はアンダルスと呼ばれ、段階的に入植したアラブおよび北アフリカの諸部族（アマジグ諸族）、イスラームを受け入れた在来住民、ズィンミー（庇護民）として残ったキリスト教徒（モサラベ、モサラベス）やユダヤ人がおり、また新たにウマイヤ家の関係者も流入した。これら派閥の利害対立を統御することが当初の内政の鍵であった。メリダ、トレド、サラゴサなどの地方の支配者は、時に北方のキリスト教勢力とも協力して後ウマイヤ朝からの独立性を強めた。アブドゥッラフマーン3世の時代には、サカーリバと呼ばれる奴隷軍人を基盤に最盛期を現出した。彼は30年来の反乱を鎮めるなどして国内を掌握し、それまでの国王の称号アミール（将軍）に代えてカリフを称し、北アフリカにも支配をのばした。また、キリスト教諸国に対しては支配的立場を取り、貢納を課した。

トゥール・ポワティエ間の戦い

　732年、フランス中西部ポワティエ近郊でキリスト教国のフランク王国軍がイスラーム軍を破った戦い。イベリアの知事であったアル＝ガーフィキーに率いられガリア（ケルト人が住んでいた地域、現在のフランス、ベルギー、オランダ、スイスにあたる）へ侵入してきたイスラーム軍は、732年10月、ポワティエの北東で、フランク王国の宰相カール・マルテルが率いる軍隊と衝突し、敗北した。カール・マルテルの軍勢は非常によく訓練されていて、イスラーム軍の重装騎兵による突撃戦術でも敗れなかった。イスラーム世界の西方への進出は、この戦いで中断することになり、カール・マルテルの名声は一気に高まった。ヨーロッパの歴史家たちは、この戦いをイスラームの征服からヨーロッパ・キリスト教世界を救った記念すべき戦いだとみなしている。しかし、イスラーム軍にとっては、フランスの気候は非常に寒くて不快であったた

めに、占領しなければならない土地だとは考えられなかったようで、士
気も上がらなかった。

2.　シリア方式の再興

　後ウマイヤ朝初代のアブドゥッラフマーン１世は、故郷のシ
リアに倣って、イベリア半島全土の都市や農村、生活様式、学術、
宮廷などを整備していった。それまで粗野な僻地に過ぎなかった
イベリア半島に世界的な都市と文明を創造することになった。こ
のような政治的な安定を受けて、ハカム２世は当時世界最高とも
も称えられた図書館を整備し学問を奨励した。この繁栄は、幼少
のカリフを傀儡とした侍従のマンスールにまで受け継がれるが、
水面下で財政の疲弊や傀儡政治への不満がつのっていた。マン
スールの死後、後ウマイヤ朝は内戦状態に陥り、1031年に崩壊し
た。

　後ウマイヤ朝の成立によって、イスラーム世界は初めて東西に
分裂した。この時期、後ウマイヤ朝のカリフたちは、常にバグ
ダードへの対抗心を燃やし、多くの文芸者をバグダードから招聘
した。音楽家であり、優雅な立居振舞やエチケットを確立した
ズィルヤーブ（789頃 –845頃、ジルヤーブとも。第6章2を参照）は、
その一例である。

　やがて制度・文化・学問とさまざまな面でアッバース朝との人
的交流も続き、その結果、東方イスラーム文化とイベリア半島在
来のローマ・西ゴート文化やビザンツの伝統が影響し合い、独自
の文化世界が生み出された。この文明は、ムスリム、ユダヤ教徒、

キリスト教徒による社会的共存と共同作業によって成し遂げられたものである。ユダヤ教徒もキリスト教徒も、アラビア語を学び、ラテン語、ギリシア語、ヘブライ語を駆使して、アラビア語に翻訳されたギリシア語の文献をラテン語に翻訳し、反対にラテン語の文献をアラビア語に翻訳した。

このようにして、キリスト教徒の中には、アラブ風の衣服をまとい、アラビア語を日常的に話し、アンダルス文化を地方の人々にも伝える役目を果たした者、モサラベが現れるようにもなった。スペイン領主とアラブ領主との友情関係の例としては、映画にもなった「エル・シド」がある。

エル・シド

ロドリーゴ・ディアス・デ・ビバール（Rodrigo Díaz de Vivar, 1045?–1099.6）、通称エル・シド（El Cid,「ご主人様」の意、エル・シーとも）は、11世紀後半のレコンキスタで活躍したカスティーリャ王国の貴族。叙事詩『わがシッドの歌』の主人公としても知られる。エル・シドはイスラーム軍からカスティーリャを奪回したとしてレコンキスタの英雄として讃えられているが、「エル・シド」という映画に描かれているように、イスラーム支配者とも親しく、共にアラゴン王国と戦っている。

ブルゴスにあるエル・シドの騎馬像（chicadelatele 撮影、CC BY 2.0）

3. コルドバとトレドの役割

　イベリア半島では 10 世紀半ば以降、北アフリカからイスラームの厳格な宗教思想を掲げたムラービト朝（1056–1147）、次いでムワッヒド朝（1130–1269）、北アフリカ・フェズ（現在のモロッコ）のマリーン朝（1269–1465）が相次いで侵入して、一時期はイスラーム強硬派による文化の破壊も起こった。しかし、やがてマドリード、セビーリャ、サラゴサ、トレドなどの地方都市に新しい混合文化が創造され、アルハンブラ宮殿を建設した王朝で最後のイスラーム王朝となったナスル朝（1232–1492）まで、イスラーム王朝が続いた。

　コルドバはイベリア半島南部、グアダルキビル川北岸の都市で、ウマイヤ朝時代の 711 年にムスリム軍に征服され、まもなくアンダルスの総督府が移された。ウマイヤ朝がアッバース朝に滅ぼされた後、756 年にアブドゥッラフマーン 1 世に征服されて後ウマイヤ朝の都となり、以後 3 世紀あまりにわたってアンダルスの中心地の座を占めた。当時の市街地の中心はグアダルキビル川に面する大モスク（メスキータ）とそれに隣接する城砦（アルカサル）であった。この本来の市街地に加え、東西にも大きな郊外区があった。936 年、アブドゥッラフマーン 3 世はコルドバの北西のシエラ・デ・コルドバ南麓に新たな宮廷都市マディーナ・アッ＝ザフラーの建設を開始し、多くの臣下もここに移り住んだ。11 世紀、最盛期のコルドバには、50 万の人口、300 の公衆浴場、300 のモスク、50 の病院、ヨーロッパ全土の蔵書より多い書物を抱える多くの図書館も建設されていたという。

　1031 年に後ウマイヤ朝が滅亡するとコルドバの市政はジャフ

ワル家の手にわたったが、タワーイフ（地方の群小諸王）の中では比較的弱体で、まもなくセビーリャのアッバード朝に征服された。以後、コルドバはアンダルスの中核地の座をセビーリャに奪われ、最終的には1236年にカスティーリャ王フェルナンド3世により征服された。

　スペインの古都トレドは、イベリア半島中部の都市で、三方をタホ川に囲まれた切り立った崖の上に位置する天然の要害である。507年、西ゴート王国の都となったが、711年にアフリカから北上したイスラームの侵入をうけて征服された。以後、東のサラゴサ、西のメリダとならんで北方のキリスト教諸王国に対する前線基地としての役割を果した。11世紀初頭に後ウマイヤ朝の支配が崩壊しタワーイフ（群小諸王）時代になると、トレドはベルベル系のズンヌーン朝が支配することになったが、1085年には、カスティーリャ・レオン国王アルフォンソ6世により征服された。この際トレドのムスリムの多くは信仰の維持を認められて市内にとどまり、ムデーハルと呼ばれることになった。

　当時のトレドにはアラビア語やアラブ文化を受容したキリスト教徒のモサラベ、ユダヤ教徒、そして北方から移住してきたキリスト教徒が存在し、3宗教の共存と軋轢の場となった。しかしトレドはイスラーム文化の西方での拠点としての機能を維持し、カスティーリャ王国のもとでこの地に翻訳学校が設立された。そこではアラビア語文献がラテン語に翻訳され、中世ヨーロッパの文化に大きな影響を与えた。トレドにもたらされたアラビア語文献は、バグダードの「知恵の館」において古代ギリシアの文献がアラビア語に翻訳された、その翻訳書であった。12–13世紀のトレドが、アラビア語・ギリシア語文献のラテン語への翻訳運動の

一大中心地となり、イスラーム文明を中央ヨーロッパへ伝える役割を果たしたのは、このような環境によるところが大きい。

グラナダのアルハンブラ宮殿の遠景。アルハンブラとはアラビア語で「赤い」を意味する ahmar から来た言葉で、赤い屋根瓦が使われていたためにそう呼ばれたと伝えられる。9 世紀末から防御壁として築かれ、その後、徐々に拡大し、ナスル朝時代に現在の形になった。(Tirithel 撮影、CC BY-SA 4.0)

　ここで大切なことは、当時のヨーロッパの人々が古代ギリシア文明を学んだのは、アラビア語を通して、つまり、イスラームを経由してであったことである。

　中世ヨーロッパのキリスト教文明は、イスラームを異教として激しく排除し、レコンキスタや十字軍運動のような敵対行動もあったが、イベリア半島のトレドや南イタリアなどでは早くからイスラーム文明の影響を受け、学問が盛んであった。皮肉なことではあるが、十字軍運動はヨーロッパとイスラーム世界との接触が強まる契機となり、12 世紀ごろからイスラーム科学を通じてギリシアの古典古代の学問を取り入れる動きが活発になった。

　トレドには、イスラーム科学を学ぶために危険を顧みず、ピレネー山脈を越えてパリやロンドンからやってくる学僧が多く、その中でもイスラーム哲学がスコラ哲学の形成に大きな影響を与えることになるのである。

一般に言われているように、14世紀に盛んになったルネサンスは、ギリシア・ローマの文芸や学術に光を与え復活させるものであったが、ギリシア・ローマの遺産をヨーロッパ人が直接受け継いで発展させたものではなく、その途中にイスラーム文明から学ぶという不可欠な作業が入っていることを無視することはできない（第7、8、9章を参照）。

第 5 章

商業活動の発展と航海技術

イスラーム文明の大きな特色は、イスラーム支配下で商業・交易の発展した都市を中心とした文明を興したことである。マッカ（メッカ）、マディーナ（メディナ）などの宗教都市を始め、各王朝の都、ダマスカス、バグダード、カイロ、イスファハーン、サマルカンド、コルドバ、グラナダなどが繁栄し、さらにミスル（軍営都市）として作られたバスラ、クーファ、フスタート（後にその近くにカイロが建設された）などに住んだ軍人・商人・知識人が文化の担い手となっていた。とくにアッバース朝の都バグダードと、10世紀のファーティマ朝期以降のカイロが、イスラーム世界の中心都市として大いに繁栄した。

1. イスラームと商業活動

イスラームは「商人の宗教」であると言われる。教祖ムハンマドが隊商貿易に従事する商人であったこともその要因の一つであるが、イスラームの暦が農業に重要な季節の変化などの自然の運行を無視した太陰暦である点にも、その兆しがみられる。キリスト教のような、経済活動を卑しいものとして蔑み、自然を相手にする農業を重要視する宗教ではなく、イスラームでは人と人が交流する商業と金融業がとりわけ奨励された。そのため、イスラームは「砂漠の宗教」でも「遊牧民の宗教」でもなく、「都市生活

者の宗教」であると言われる。この点は、ユダヤ教のように、や むを得ない事情からであっても金融業に活路を見出した宗教と似 た要素が見られる。

　イスラームの宗教は、初期には政治的軍事的征服事業によって 流布したが、後には商人の活動によって、アフリカや中央アジ ア、東南アジアへ広まっていった。公式には教団組織や宣教制度 をもたないイスラームがアフリカの奥地や、中央アジア、遠く東 南アジアまで伝播したのは、政治とは無縁のイスラーム神秘主義 （スーフィズム）集団の地道な草の根的活動によるものである。神 秘主義者といっても、イスラームでは隠遁生活や出家は奨励され ていないので、彼らも社会の中で就業して生活の糧を得る必要が ある。彼らの多くは商人となって季節風を利用して東南アジアの 島嶼地域に出かけたり、アフリカの奥地へ赴いたりした。

　彼らは到着した場所で小さな礼拝所を建設し、一日5回の礼 拝を守り、現地の人々にアラビア語の読み書きを教え、薬草学の 知識を活用して病人の手当てなどを行い、現地住民の信頼を勝ち 得ていったものと思われる。そうして各地に建設された修行場が 国際商業活動のネットワークを形成していったのである。また、 神秘主義思想は来世志向が強く現実的な宗教の差異にはあまり関 心を持たず、現地の諸宗教に寛容であり、土着の伝統や文化を抵 抗なく取り込んでいったために、イスラームの各地への伝播が促 進された。

　とくに、インド洋海域世界にイスラームが拡大していった歴史 を見ると、以下の要因にまとめられる。

①　自然・政治・経済の環境変化にともなって起こる人の移動 　　と社会再編の運動

② 商業活動と、それに伴う都市化とによるイスラーム経済圏
　の拡大
③ 12世紀半ば以後のイスラーム神秘主義の新しい活動展開
　つまり、インド洋周辺地域でのイスラーム化には、陸上で多く
みられた軍事的占領による征服はほとんどみられず、おもに交易
活動と都市化の進行によるものであった。

2.　自由貿易地域の出現

　イスラームの支配下では、おおむね均一の文明圏が構成されて
いたために、商業活動は、どこに行っても同様のレベルで実施す
ることができたと言われている。

　例えば、スーク「市場」（ペルシア語ではバーザール）を例にとっ
てみると、スークは、イスラーム圏の都市の中心部に、大規模モ
スクの近くなどに位置する商業地域として常設されていた。イ

スラーム都市文明
は帝国内の整備さ
れた交通路により
遠隔地に伝わって
いったために、現
在でもイスラーム
諸国の都市には
スークがあり、世
界中のあらゆる商
品が取引されてい
る。スークの近く

カイロの有名なスークと隊商宿「ハーン・ハリーリ」
の茶屋の光景。

にはペルシア語でキャラバンサライまたはハーン（アラビア語では
フンドゥクなど）と呼ばれる隊商宿も設置され、今日まで市民生活
に不可欠なものとして機能している。

　他方、スペインやシチリアでも、イスラーム政権下に入ると、
直ちにイスラーム式の生活文化が取り入れられ、他のイスラーム
地域との商業活動も活発になった。そのためにヨーロッパとイス
ラーム地域との通商も活発となり、イタリア人が地中海貿易に活
路を見出すことになった。同様に、スペインや北アフリカの貿易
では、アラブ人が後退し、ユダヤ人の活動が増えてきた。ムスリ
ムは、ヨーロッパとの交易には、キリスト教徒やユダヤ教徒が中
心となるほうが有利であると考えていたようである。

3.　航海技術の進展

　7世紀半ばから8世紀前半にかけてのイスラーム軍による大征
服と被征服地のイスラーム化にともなって、ペルシア湾岸のバス
ラ、スィーラーフ、スハールなどの港を拠点に、インド洋海域
世界に広がる壮大な交易ネットワークが拡大し、ムスリムは、木
造で三角帆を張ったダウ船を駆使して、インド洋交易に進出した。
インド洋海域世界における海上交通は、1年のうちで一定の期間
と方向をもって交替するモンスーンの風力を帆船の走力として最
大限に利用し、モンスーン航海を行った。したがって交易の範囲
はモンスーン航海が可能な範囲とされ、南限は南緯10度から15
度線上のインド洋であり、港湾都市は航海が可能な海域の沿岸に
建設されて、交易ネットワークを形成した。

　ネットワークの拡大には、国際語としてのアラビア語と、共通

の文化・社会システムとしてのイスラームが大きな役割を果したものと思われる。とくに、アラビア半島周縁部に位置するイエメンのハドラマウト地方のアラブ系の人々や、ペルシア湾岸のアラブ系・イラン系の人々がダウ船に乗って、東アフリカ海岸、インド、東南アジアや中国の諸港に出かけて、交易活動を行うと同時に、移動・移住によって現地社会との接触を深めたことは注目される。今日、インド洋の周辺・島嶼部には、イスラームを国教としたり、ムスリム人口が多数派を占めたりする国々（インドネシア、マレーシア、ブルネイなど）が多くみられる。この事実は、インド洋海域世界を舞台にさまざまな人々が移動を繰り返し、相互の産物や情報の共有と土着化、さらに新しい文化の創造を行ってきた過去の長い交流の歴史を物語っている。

ダウ船

　ペルシア湾とアラビア海を中心に広く用いられた、三角帆を装備した木造船。19世紀半ばまで、紅海やアデン湾の周辺では、大型の木造帆船を指してダウと呼んだ。7世紀末–8世紀初頭、おもにイラン系船乗り・商人の乗り組むダウ船は、ペルシア湾の諸港を出てインド洋を航海し、東アフリカ、インド、東南アジアや中国南部にまで至り、広く交易活動を行った。現在も、伝統的な木造のダウ船がアラブ首長国連邦やアフリカの東部沿岸で、現代的な船舶に交じって、観光船や水上バス、荷役船などとして活動を続けている。

（Africraigs 撮影, CC BY-SA 4.0）

地中海交易では、ダウ船の技術はさらに発達し、大型の三角帆と帆柱が複数設置されるようになり、1440年以降はポルトガルやスペインの船大工によって大航海時代の大型帆船が製造されるようになった。航海には、船の位置を知るための羅針儀が必要であるが、羅針儀がいつごろから用いられ始めたのかは、よくわかっていない。12世紀から13世紀にかけてという可能性が高い。恐らく基礎となる知識はアラブ人が発明し、それにヨーロッパ人が改良を加えたようである。前にも述べたが、ムスリムは地中海貿易ではその中心をヨーロッパ人に委ねており、その方がムスリムにとっても有利だったとみられている。

　現代でも用いられている航海用語に、アドミラル（amīr al-baḥr、提督、海の司令官）、ケーブル（ḥabl、いかり綱）、モンスーン（mawsim）など、アラビア語由来の用語が多いことも、イスラーム世界から当時の先端的な航海術がヨーロッパに伝わったことを示している。

4.　鄭和（1371–1434?）の遠征

　鄭和は中国明代の武将で、色目人（西方諸都市出身者）であったと言われる。ムスリムの家系出身の宦官で、明の永楽帝に仕え、永楽帝即位後に鄭姓を与えられ、宦官の長官となった。永楽帝の命により南海への7度の大航海の指揮を委ねられた。永楽帝は周辺地域に宦官を派遣して朝貢貿易を有利に進めるための「冊封体制」の再編をめざすとともに、中国人の海外渡航を禁止したり制限したりする「海禁政策」による貿易独占をはかるために、鄭和を南海遠征艦隊の司令官に任命したのである。遠征は1405年か

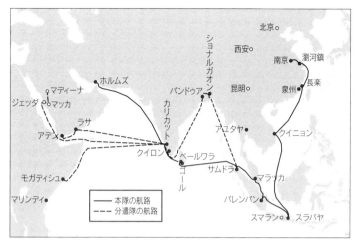

E. L. ドレイヤーの説による鄭和の第7回遠征（1433年）の航路。黒丸は鄭和の艦隊が訪れたことがあると考えられる都市。(Vmenkov, CC BY 1.0 を基に作成)

ら1433年までの7回にわたり、鄭和自身はペルシアのホルムズまでしか行かなかったが、分遣隊はアラビア半島を経て東アフリカに到達した。

　第1回の遠征では、鄭和は1405年から、大船62隻、乗組員は2万7800名余りという大船団を率いて、東南アジアからインドに航海した。船団は、東南アジア、インドからアラビア半島、アフリカにまで航海し、最も遠い地点ではアフリカ東海岸のマリンディまで到達し、イスラームの聖地マッカ（メッカ）に従者を代参させていたと伝えられる。

　鄭和が指揮した船団の中で、最大の船は宝船と呼ばれ、その全長は120メートルを超えるような大型船だった。これはコロンブスや大航海時代のヨーロッパの船よりはるかに巨大である。鄭和の船団は、一説ではマダガスカル島まで到達しているとの話も

マラッカにある鄭和の像
（hassan saeed from Melaka,
Malaysia 撮影、CC BY-SA 2.0）

あるが、それはアラビア商人の交易範囲であり、不可能ではないであろう。鄭和は巨大な艦隊を率いて、元代以前からイスラーム商人が開発し確立されていたアジア、インド洋の航路に沿って航海したのである。

鄭和は訪問した国々で明への朝貢を促すだけでなく、多くの発見物を中国に持ち帰った。ラクダ・ダチョウ・シマウマ・ライオン・ヒョウなどの中でも、最も永楽帝を喜ばせたのがキリンだったと言われている。鄭和の墓は、現在の南京にある。

なぜ永楽帝がこの大航海を企図したかには様々な説があるが、鄭和の死後、記録が焼かれてしまい、はっきりとしたことはわからない。しかし、この大航海の成果によって、華僑の東南アジアへの進出が促されたことも注目される。

鄭和の大航海はヨーロッパの大航海時代の 70 年ほど前に行われた巨大な航海であるが、ヨーロッパでは最近まで、あまり知られていなかった。中国史上だけでなく世界史上でも最大の航海事業であり、歴史家によって評価は分かれるものの、実質的に大航海時代の先駆けとなった。彼は宦官の最高位である太監だったことから、後世に三保太監・三宝太監と呼ばれ、『史記』の著者である司馬遷や、紙の発明者とされる蔡倫と並んで宦官の英雄として語られることになる。また鄭和が寄港した各地の港でも鄭和の評判は非常に高く、ジャワ、スマトラ、タイには三宝廟が建立さ

れて祀られている。しかし、大航海には莫大な経費がかかるために、永楽帝以後の明は財政緊縮の観点から朝貢貿易に制限・制約を加え始め、鄭和の死後は、このような大航海は実施されることがなかった。

5.　旅行家イブン・バトゥータ (1304–68/77?)

　当時の旅行家としてはヴェネチア人のマルコ・ポーロが有名であるが、ムスリムの大旅行家として、イブン・バトゥータが知られている。イブン・バトゥータはモロッコのタンジールに生まれ、22 歳の時にメッカへの巡礼の旅に出た。エジプトのカイロ、シリアのダマスカスなどを経てメッカ巡礼を行った。その後さらに足を延ばしてエジプト、シリア、小アジアを経て南ロシアに至り、クリミア半島、キプチャク・ハン国を訪れ、その後中央アジアを南下してインドに入り、イスラーム系のトゥグルク朝 (1320–1413) で法官となり約 10 年間、デリーに滞在した。のち中国の元朝への使節団に加わり、海路中国に至り (1345)、泉州、広州、杭州、大都 (北京) を訪れた後、海路で帰国した (1349)。その後もスペインやサハラ砂漠を越えてニジェール川流域を旅行し、マリ王国も訪れた。

　彼の口述筆記による旅行記『三大陸周遊記』(原題は『諸都市の新奇さと旅の驚異に関する観察者たちへの贈り物』) は 1355 年頃に完成したが、マルコ・ポーロの『世界の記述』(『東方見聞録』) と並ぶ旅行記として有名である。しかし、彼がマルコ・ポーロより長い距離を旅行したことは、あまり知られていない (『イブン・バットゥータの世界大旅行』家島彦一著、平凡社新書、2003 年)。

6. シチリアのイスラーム文化と
フリードリヒ 2 世（1195–1250）

　シチリアは地中海中央に位置する島で、アラビア語でスィキッリーヤと呼ぶ。この島は時代順にカルタゴ、ローマ、ヴァンダル、東ゴート、ビザンツ、アラブ、ノルマン、神聖ローマ、フランス、アラゴン、イタリアの影響を受けており、多様な異民族支配の歴史がある。9 世紀にビザンツ帝国からシチリアを奪ったアラブ人たちは、この島を肥沃な農地と地の利を生かして交易で栄える島に改良し、首都パレルモをスペインのコルドバにも負けない大都市に成長させた。11 世紀末には、ノルマン王朝の支配下にはいるが、多くのムスリム住民はそのまま島に残った。そのために 11–13 世紀になると、シチリアはイスラーム文化とキリスト教文化とが交流する重要な場となり、アラブのイスラーム文化がシチリアから西洋へと流入する拠点のひとつともなった。

　文化の交流に関しては、とくに、フリードリヒ 2 世（イタリア語ではフェデリコ 2 世）の時代が特筆される。彼は、シチリア王（在位 1198–1250）であり、神聖ローマ皇帝（在位 1215–50）とエルサレム王（在位 1225–50）も歴任した。彼は神聖ローマ皇帝ハインリヒ 6 世とシチリア王ルッジェーロ 2 世の娘コスタンツァの子としてパレルモで生まれた。1198 年、3 歳でシチリア王として戴冠するが、同年母を失い、教皇インノケンティウス 3 世の後見下で育った。成長して神聖ローマ皇帝とエルサレム王の位に就き、中世で最も進歩的な君主と評価され、同時代に書かれた年代記では「世界の驚異」と称賛されたと言われる。

　他のノルマン王たちと同じく、宮廷にはムスリムの家臣を抱

え、効率的な行政
制度を定めた。第
6回十字軍の指揮
をとり、イスラー
ム側のアイユーブ
朝スルタン、アル
＝カーミルとの5
か月にわたる折衝
によって、1229年、
戦闘によってでは

左から2人目がフリードリヒ2世、真ん中がアル＝
カーミル。停戦交渉を描いた図。

なく平和裏にエルサレムを取り戻した。その際に結ばれた後述の
ヤッファ条約では、お互いの宗教を尊重して認め合うことが条件
となっていた。このようなムスリムとキリスト教徒との共存をめ
ざす彼の態度は、当時のキリスト教社会では容認されることでは
なく、教皇からは2度にわたって破門を宣告された。

　しかし、フリードリヒ2世は終生、アラブの文化を尊重して
ムスリムとの友好を楽しみ、パレルモの宮殿ではムスリムの兵士
を護衛隊としていたと伝えられている。また1224年にはフェデ
リコ2世ナポリ大学を創設して、文芸の興隆にも貢献した。

フェデリコ2世ナポリ大学とトマス・アクィナス

　フェデリコ2世ナポリ大学は1224年に神聖ローマ皇帝でありシチ
リア王でもあったフリードリヒ2世（フェデリコ2世）が、時の教皇の
保護を受けていたボローニャ大学（ヨーロッパで最初の大学）に対抗して
創設した大学で、世界初の宗教色のない世俗的公教育の場として設立
された。紆余曲折を経ながらも、今日では世界のトップクラスの大学

（2015 年には世界ランク 100 位内）として存続している。1239 年頃、若きトマス・アクィナスが在学したことでも知られる。この大学で、トマスはアリストテレス、アヴィセンナ（イブン・スィーナー）、マイモニデスなどの思想に接し、後世のスコラ哲学につながる大きな影響を受けたとみられている。

第 6 回十字軍を指揮したフリードリヒとアル＝カーミルは、事前に書簡のやり取りを行っており、互いの学識を交換し合い、エルサレム返還の交渉も進められた。フリードリヒは血を流すこともなく、1229 年 2 月 11 日にアル＝カーミルとの間で、「キリスト教徒への聖墳墓教会の返還」「ムスリムによる岩のドームとアル＝アクサー・モスクの保有」「軍事施設の建設の禁止」などを定めたヤッファ条約を締結し、10 年間の期限付きでキリスト教徒にエルサレムが返還された。お互いに身辺に困難な課題が山積みであったことも幸いして、双方の勢力は宗教的寛容を約束して、講和条件が設定された。

7. 地理学者イドリースィー（1100?–65?）

シチリアで活躍し、世界地図を作成した地理学者のイドリースィーは、フリードリヒ 2 世の祖父と父親に仕えた学者で、セウタ生まれでコルドバで学んだと伝えられる。彼はアンダルス、マグリブ各地を旅行した後、シチリアに渡り、シチリア王国の都パレルモでルッジェーロ 2 世とグリエルモ 1 世の 2 人のキリスト教徒の王に仕えた。ルッジェーロ 2 世の求めにより、1154 年に、直径 2m の巨大な純銀の円盤上に描かれた世界の平面球形図を作

イドリースィーの世界地図。南北が逆転した平面円盤地図、アフリカ大陸にはナイル川のような大河の源流が何本も示されている。アフリカの東端にワークワークという地名が見え、これは日本を指すという人もいるが、定かではない。ヨーロッパの国名などもはっきりとわかるように書かれている。

タブラ・ロジェリアナ世界地図。タブラ・ロジェリアナと呼ばれる世界地図はルッジェーロ2世のために1154年にイドリースィーによって描かれた。古代の世界地図の中でももっとも先進的なものの一つである。現在に残るものは、オリジナルの地図を見開き70葉（140ページ）にまとめたものである。

成し、その解説書の地理書『世界各地を深く知ることを望む者の慰みの書』を完成させた。「タブラ・ロジェリアナ」(「ルッジェーロの書」) と呼ばれるこの世界地図自体はルッジェーロ2世死後に失われてしまったが、さらに、彼は7帯圏に分けた居住世界を経線によって西から東へ10等分し、全70葉の方形の分域図を作った。これらの地図には、海洋、島嶼、山脈、河川、湖沼、都市 (円花模様で表示) などが描かれており、世界各地の位置や形状を正確に示そうとする意図がみられる。

　彼の地図はアラビア語圏では19世紀前半まで利用された。

第6章
エレガンスと生活文化

　私達が西洋由来のものと受け止めている文化の、ファッション、音楽、美容、食品、料理、嗜好品、マナーなどの基礎は、そのほとんどが、東方のイスラーム圏からスペインを経由して、ヨーロッパへもたらされたものである。各種の高級料理や王宮での食事作法、季節によって衣服を変える衣替えの習慣、サロンや茶会のマナーなど、イスラーム世界から世界中に引き継がれた優雅な生活文化は、数知れない。

1. 『千夜一夜』

　イスラーム世界の繁栄と生活文化を記述しているものとして代表的なものに、大衆文学の『千夜一夜』（アラビアンナイト）がある。『千夜一夜物語』とも『千一夜物語』とも言われる説話集で、18世紀初頭にフランス人アントワーヌ・ガランの仏語訳を通してヨーロッパで再発見された。しかし、この説話集が成立した過程については謎の部分が多い。シェヘラザードという大臣の娘の口を通して語られる形式には、古代インドの影響がみられる。また、現存しないが、中世ペルシア語による「千の物語」を意味する『ハザール・アフサーナ』という物語集があった。核となる部分はイスラーム初期にアラビア語訳されたらしく、13–14世紀頃までにはシリアで物語集としての体裁が整ったとみられる。マム

ルーク朝（1250-1715）のエジプトで 15-16 世紀には、さらに若干の物語が付け加えられた。

　アラブ世界には、夜に集まって物語を語る夜伽話の伝統があり、もともとの『千夜一夜物語』には、「千一夜」分の物語があったわけでもないらしい。ガランが底本としたパリ写本をもとにムフスィン・マフディーが再構成したマフディー版『千夜一夜物語』にはわずかに 250 夜あまりの物語が含まれているのみである。

　ガランの翻訳後、あいついで英語訳などが出版され、東洋趣味（オリエンタリズム）の隆盛とあいまってヨーロッパでは空前のアラビアンナイト熱が生まれた。日本では 1875（明治 8）年に英語からの翻訳がなされているが、アラビア語原典の印刷は 1839-42 年になってカルカッタ第 2 版が印刷された。この版が現在までのところ最良のものとされ、邦訳『アラビアン・ナイト』（平凡社東洋文庫、全 18 巻及び別巻、前嶋信次・池田修訳）の底本となっている。しかし、カルカッタ第 2 版も厳密な写本校訂による原典ではなく、マフディー版のほうが 14 世紀頃の『千夜一夜物語』を基にして編集されており、学問的にはもっとも信頼のおける校訂本であるとされる。

　『千夜一夜物語』は職業的語り手によってコーヒーハウスなどで口演されていたらしいが、詳しいことはよくわかっていない。この物語には、反道徳的な筋書きや性的表現も含まれるため、「反イスラーム的」として批判の標的にされることもある。2010 年 4 月 21 日には、エジプトの弁護士団体が「公序良俗に反する」として同書の回収を当局に要求し、これに対して作家や人権団体などの反発が起こった。

　一般には日本でも海外でも、性的表現や反道徳的な筋書きを排

除した「アラジンと魔法のランプ」「シンドバッドの冒険」「アリババと40人の盗賊」「空飛ぶ絨毯」などが子供向けに改訂された物語として読まれている。しかし、これらの物語は『千夜一夜物語』のアラビア語原本には収録されていない。またアラビア語原本にも決まった底本がなく、長い時代の中で、多くの人が次々と物語を追加しており、どれが決定版なのかわからなくなっている。

2. 『千夜一夜』の世界とズィルヤーブ（ジルヤーブ）

『千夜一夜』はアラブ世界発祥の物語ではないが、アラブ世界の中で長い期間をかけて追記されたものであり、実在のカリフや人物の氏名やエピソードも掲載されているために、アッバース朝の最盛期の世界を描いている第一級の歴史資料とも考えられる。

とくにアッバース朝の第5代カリフ、ハールーン・ラシード（在位786–809）は『千夜一夜物語』で、アッバース朝全盛期に君臨した人物として伝説的に語られる。しかし現実の彼の治世は、行政機構の効率や政治的統一性に衰退の兆しが現れた時期にあたる。3度にわたるビザンツ遠征では輝かしい成果を収め、カリフの威信を高めたが、国内情勢は不安定で各地に反乱があいつぎ、イスラーム支配地域の地方分権化が始まっていた。

ハールーン・ラシードのもとで名声を博していた歌手で詩人のズィルヤーブ（789頃–845頃）は、「黄金の声を持つ男」といわれるほどで、カリフに気に入られ、アッバース朝の宮廷で活躍していたが、周囲の嫉妬から逃れるためにバグダードを離れることを決意し、北アフリカを経て822年にアンダルスへ赴き、コルド

バで当時の支配者アブドゥッラフマーン2世に厚遇された。ア
ブドゥッラフマーン2世は、彼のために音楽堂を建設するなど
したために、彼はアラブ・アンダルス音楽の発展の基礎を築くこ
とになった。音楽以外にも料理などの領域でバグダードから洗練
された文化を持ち込み、後ウマイヤ朝期のアンダルスの文化的独
自性の確立に貢献した。後ウマイヤ朝期の代表的音楽家でもある。

　また、このころ、現代のクラシック音楽の演奏に欠かせな
い多くの楽器（ピアノの前身、フルート、ホルンなどの吹奏楽器など）、
リュートの原形であるウード、琴に近いカーヌーンなどの弦楽器、
タンバリンなどの打楽器類などが開発され、ズィルヤーブもこの
開発に携わったとされる。

3.　エレガンスの基礎 ── ズィルヤーブの貢献

　ズィルヤーブはアンダルス音楽の基礎を築いたといわれている
が、それだけにとどまらず、彼が有名なのは、バグダードではす
でに定着していたアラブの優雅な生活スタイル、エレガンスを
ヨーロッパに持ち込み、当時のファッションリーダーとなったこ
とである。たとえばそれまでのヨーロッパ人は夏も冬も似たよ
うな服を着用していたが、彼は、冬は暖かい生地で作った濃い色
の服を、夏は薄い生地で作った淡色の服を着ることをヨーロッパ
人に教えた。アンダルスでは白い色の服は喪服とされていたが、
ズィルヤーブはこれを夏服に取り入れた。さらに1日のうちで
も朝、昼、夕と服を着替えたともいわれている。また彼の調髪の
仕方、香辛料の使い方はコルドバでブームとなり、ヨーロッパ中
に広まった。

そのほかに特筆されるのは、食事のマナーで、ズィルヤーブは、35年間の滞在中に、バグダードの宮廷に倣って、酒杯を金属製からガラス製に変えさせ、なめし革のテーブルクロスを使うように指示した。それまでは、食卓はむき出しのままで使用されていたからである。ヨーロッパの料理がスープ、メイン、デザートという段階を踏んで供され、それぞれの段階に沿った内容になったのも、ズィルヤーブが当時のアラブの食卓マナーからもたらしたものである。彼は食事のコースとして、スープから始まり、次に肉料理、最後にデザートを出すという、今日では一般的な「洋食」の配膳順をスペインに持ち込んだのである。こうした配膳順は、ズィルヤーブがバグダードの宮廷からスペインへ持ち込み、その後、次第にヨーロッパへ伝播してフランス料理の手順となり、今日のような洗練されたテーブルマナーが確立したのである。また客の背後で楽団が音楽を奏でる間に、料理が振る舞われる、という公式晩餐会や高級レストランでの生演奏付きの饗応も、このころに確立された。

　当時のズィルヤーブはヨーロッパ中の憧れの的であり、人々は競って彼の真似をしたといわれている。彼は美容院も開業して、服装だけでなく髪形の流行も作り、ファッション界をリードした。彼は、ダンディのはしりとも呼ぶべき人物であろう。当時の人々は、政治的安定のもとで、料理、服装、髪形、化粧品、香水などに凝るようになり、優雅な生活を楽しんでいたのである。当時のアンダルスの生活文化の向上には、多くの人々が貢献していたと考えられるが、ズィルヤーブがその代表格であったと考えられる。

4. 料理とスパイス

（1）スパイス

　イスラーム文化の全盛期は、香辛料貿易がその一翼を担っていた。前章で学んだことであるが、モンスーンと海流および航海術の知識とダウ船の普及によって、交易はインド洋を縦横に航行したムスリム商人の独壇場となった。交易の目玉は、軽く少量でありながらも貴重で高価な香辛料であった。アラビア半島は、東南アジアの香料やスパイス類、南欧のハーブ類をとり結ぶ地の利を占めていたし、オマーンなどの半島の南部には乳香（libān）や没薬（murr）の産地を擁する強みをもっていた。その他、ジャスミン（yāsimīn）、麝香（al-misk）、バルサム（al-balsam）などもよく取引された。

　料理に用いられるスパイス以外にも、代表的香料名の多くがアラビア語起源であることからも、香辛料に関してイスラーム商人が世界に果した役割が理解される。海のシルクロードは、まさに「香辛料の道」で、香辛料を主交易品とする商人は「カーリミー」と称され、カイロを首都としたアイユーブ朝（1169–1250）からマムルーク朝（1250–1517）にかけて、イエメンからエジプトへつながるルートを押さえてインド洋の国際貿易で成功を収めた。彼らは「胡椒と香辛料の商人」とも呼ばれ、利益の一部を国家に対する貸付金とし、モスクやマドラサ（高等教育機関）を建設して、社会的にも大きな貢献をなした。香辛料の産地ではないイスラーム圏の料理にスパイスを使ったものが多いのも、インド洋交易の影響である。

　イスラーム世界では早くも7世紀にはインドを経由してイラ

ンやイラクの低地にサトウキビの栽培が導入されたと伝えられ、砂糖を生産することが発達した。それとともに新しい農作物の開発にも大きな発展が見られた。もともとアラブ人は灌漑用水を利用して、荒地に農業開発をすることが得意であったが、特にイベリア半島では灌漑技術が改良されて、多くの新しい植物が導入された。今日の英語にも残るアラビア語由来の作物、ワタ、コメ、サトウキビ、トウモロコシ、硬質小麦、ホウレンソウ、ナス、スイカ、オレンジ、レモン、アンズなどもアラブからもたらされた。前述のズィルヤーブが初めてアスパラガスを食用にしたという言い伝えもある。ヨーロッパへのこれほど多くの新しい作物の導入と普及は、その後は新大陸の発見までなかったのである。

　この時代にヨーロッパへ導入された主な野菜・果物・料理などのうち、アラビア語名称の形跡が今日まで残っているものの一部を挙げる（カッコ内はローマ字転写のアラビア語）。

ナス (bādhinjān)、生姜 (janzibīl / zanjibīl)、コーヒー (qahwah)、キャンディ (qand)、レモン (laymūn)、マジパン (marṣabān)、オレンジ (nāranj)、米 (ruzz)、ホウレンソウ (sabānikh)、シロップ (sharāb)、シャーベット (shurbah)、砂糖 (sukkar)、サフラン (zaʿfrān)

　実際にスペインではこの時代に、上記のほかにアンズ、スモモ、バナナ、ナツメヤシの実、各種の柑橘類、野菜、果物などの多種の作物が栽培されはじめ、家畜、鉱物資源などの、様々な産物が利用されるようになった。この状況は『コルドバの歳時記』という農事歴に詳細に記載されている。『コルドバの歳時記』は961年にカトリックの司教、アルビーラのレセムンドが書いたとされ

る貴重な文献であるが、ムスリムの学者も共同執筆していること
が知られている。ユダヤ・アラビア語（ヘブライ文字で記したアラビ
ア語）で書かれていることから、筆記者はユダヤ人であったと思
われる。天文表から種まきや収穫の時期、それぞれの季節に適し
た作物、家畜の繁殖など、アラブ遊牧民の伝統を踏まえながら、
スペインの地質に適した農法と実例を示している。

（2）料　理

　イスラームの料理書は 8 世紀中ごろからアッバース朝の宮廷
で編纂されはじめ、現存する最古の料理書は 10 世紀に編集され
ている。これらの書籍から当時のバグダード、ダマスカス、カイ
ロなどの大都市で供されていた料理を知ることができる。その多
くが、今日の中東イスラーム諸国の料理に受け継がれていること
がわかり、興味深い。当時の支配者層は、食物や料理が体に与え
る影響について関心をもっており、養生書の類も多く編纂されて
いた。

　13 世紀から 15 世紀にかけて、南イタリア、イングランド、ス
ペインのカタルーニャなどで編纂された料理書には、イスラーム
世界由来のアラビア語名で、いくつかの料理が調理法とともに掲
載されている。それらは未熟なブドウ、レモン、ザクロなどの酸
味の強い果汁で肉類を煮込むもので、中世のイスラーム世界で好
まれていた高級料理であった。イスラーム世界では、「食」は医
学につながっていて、食物は医薬と同一視されていた。したがっ
て料理書の多くは王宮の医学者によって編纂されていた。

　スペイン料理として知られるコメを使った「パエリア」は、ア
ラビア語の残り物を指すバカーヤ（baqāyah）から発達したと言わ

れる。「残り物」は前夜の料理で残った魚や肉の様々な食材を指し、それを、ヴァレンシア地方特産のジャポニカ種のコメとともに調理したもので、パエリアとは、ありあわ

リビアの伝統的な揚げ菓子

せ料理のことであった。また砂糖を用いた菓子類もアラブ世界から多数、もたらされた。一般に揚げ菓子が好まれたが、この傾向は今日のアラブ菓子にも残されている。特に砂糖とアーモンドを使ったマジパン（マルチパン）が知られている。まだ砂糖は一般の人々には贅沢品であり、わずかに薬として処方されるものであったが、15-16世紀のアラゴンの宮廷では、国家の威信を賭けて、祝い事に数百キログラムという大量の砂糖を用いてマジパンが作られたという記録が残っている。

5. 砂糖とコーヒー

（1）砂　糖

　サトウキビの原産地は東南アジアだと言われているが、日本にもたらされたのは17世紀の初め（江戸時代初期）である。サトウキビの栽培と砂糖の生産がアラブ人の間でいつから起こったか、詳細なことはわからないが、ササン朝の末期の7世紀初頭だと

されている。イスラーム初期のイランでは、水の豊富な地域でサトウキビが栽培され、それがヨルダン、シリア、エジプトのデルタ地帯へと拡大していき、盛んに砂糖が生産された。砂糖がヨーロッパへ伝わったのは、11世紀末以降、十字軍の遠征やイタリア商人の活動によるものである。

　砂糖が普及する以前には、イナゴマメや果物の糖蜜、蜂蜜などが甘味料として用いられていた。当初、砂糖は高級品で、サトウキビ農場は富裕者によって独占的に運営されていた。エジプトでは栽培地はナイル川の下流域、デルタ地帯の下エジプトから、南部の上エジプトへ拡大していき、エジプトは砂糖の大生産地になった。やがて、サトウキビ栽培は12世紀頃に北アフリカからイベリア半島へと広がり、ヨーロッパ人はそれをカリブ海諸島やブラジルへ持ち込み、現地人を搾取した大規模プランテーションを開始した。

　イスラーム世界で広まり、ヨーロッパへと波及したコーヒーを飲む習慣と、イギリスで17世紀以降開始された紅茶を楽しむ習慣によって、砂糖の重要性はますます高まった。イスラーム世界と近代のヨーロッパ世界は、コーヒーと砂糖とによって、深く結びついている。

（2）コーヒー

　コーヒーノキはエチオピア高原が原産地とされる。エチオピアでは高原地帯に自生するコーヒーノキの果実の種子が古くから食用にされ、現地の人々はコーヒー豆を煮て食べていたと考えられている。コーヒーの意のアラビア語「カフワ」(qahwah) は、本来ワインの別称であり、人の欲望をそぐことを意味し、ワインが

食欲を減退させることと関連して名づけられた。コーヒーにこの名称が適用されたのは、この飲料が含むカフェインの効果によって眠気を取り去るからであろう。

　この性質からコーヒーは、15世紀の初頭にイエメンのスーフィー教団（神秘主義の修行をする教団）で、夜間の修行を補助する飲料として使用されはじめた。スーフィーたちは徹夜で行う瞑想や祈りのときの眠気覚ましとして、夜の礼拝の前にコーヒーを飲用したが、その際の飲み方は、生の豆を煎じてボウルに入れ、仲間内で回し飲みをするというものであった。当時のコーヒーは嗜好品ではなく、一種の薬として煎じて飲まれていた。

「コーヒールンバ」

　コーヒーの来歴を知って、古い歌ではあるが「コーヒールンバ」を思い出した方もいらっしゃると思う。「アラブの偉いお坊さん」は神秘主義の指導者か修行をする人々かを指しているが、出家主義を取らないイスラームでは、特にスンナ派では「偉いお坊さん」は存在しない。

昔アラブの偉いお坊さんが	やがて心うきうき
恋を忘れた　あわれな男に	とっても不思議このムード
しびれるような	たちまち男は
香りいっぱいの	若い娘に恋をした　（下略）
こはく色した	
飲みものを教えてあげました	中沢清二訳詞

日本音楽著作権協会（出）許諾第 2101581-101 号
MOLIENDO CAFE
Words & Music by Jose Manzo Perroni
© 1961 by MORRO MUSIC
International copyright secured. All rights reserved.
Rights for Japan administered by PEERMUSIC K.K.

13世紀に入ってコーヒー豆が炒られるようになると、香りと風味が付加され、当時、広まっていた砂糖を入れて飲む習慣もできて嗜好品となり、さらに多くの人々に好まれるようになった。コーヒー豆が焙煎されるようになったり、細かく粉砕されるようになったりした経緯はよくわかっていないが、焙煎し粉砕することによって、より香りを高め、より効果的においしく飲もうとする工夫であろう。トルコ、イラン、エジプトでは、豆の焙煎に使われた1400年代の道具が発掘されている。

　コーヒーの導入時には、その色の濃さから「悪魔の水」と称されることもあり、その合法性をめぐって大論争があった。1511年のマッカ（メッカ）でのコーヒー禁止令をはじめとして、コーヒーはその後も各地でたびたび取締りの対象となった。

　1511年のマッカ事件では、市内のコーヒー豆が焼かれ、コーヒーを売買した者や飲用した者は鞭打ちに処されるほどの、厳しいコーヒーの弾圧事件が起きた。1525年から26年にも風紀を乱すとしてマッカ市内のコーヒーハウスの閉鎖が命じられたが、この時はコーヒー自体の飲用は禁止されなかった。

　これは、飲料としてのコーヒーそのものに対する宗教上・医学上の見地からの反対というよりは、コーヒー飲用がもたらす新しい社会活動、何よりも喫茶店（マクハー、チャイハネ）という社交場が政治的な活動の場となったり、賭博の場となったりしたので、国家から警戒されたためである。それにもかかわらず、16世紀の初頭にはカイロのアズハル学院（スンナ派の最高学府、970年創立）でも飲用されるようになり、さらに1555年にはイスタンブルで最初のコーヒーハウスが開店した。その後もカイロやマッカではし

コーヒーを片手にウード演奏を楽しむ人々

ばしばコーヒーの禁止令が出され、コーヒー店が襲撃される事件
も起きたが、しかし、最終的にはコーヒーはハムル（酔わせるもの、
酒類）とは認められず、社会習慣として浸透し、コーヒーハウス
の文化はヨーロッパへも波及していった。

　本書では、一つ一つの事例を詳細に検討することはできないが、
私達が西洋起源のものと受け止めている文化やファッション、音
楽、美容、食品、料理、嗜好品、マナーなどのほとんどが、東方
のイスラーム圏からスペインを経由して、ヨーロッパへもたらさ
れたものであることを忘れてはならない。

第7章

錬金術、数学、天文学

　イスラーム化学や数学がヨーロッパへもたらされたのは、イギリス人、チェスターのロバート（Robert of Chester's）がスペインのセゴビアで、高名な錬金術師ジャービル・イブン・ハイヤーンの『錬金術組織概論』(the Composition of Alchemy) の翻訳を完成したことに始まると言われる。ロバートは、フワーリズミーの代数学に関する著作など多くの文献を、アラビア語からラテン語に翻訳した。三角法の正弦を「サイン」と呼ぶようになったのは、翻訳の際に、ロバートが原語であるサンスクリット語を無視して、「曲面」を意味するラテン語をそのまま用いたためである。三角法はもともとインドで発達したが、インドではサンスクリット語で正弦は yjā、余弦は kotijā と呼ばれていた。しかし、ロバートは「曲面」を示すラテン語の sinus を採用して、正弦を sine（サイン）とした。

1.　錬金術と化学 (al-kīmiyā')

(1) 錬金術

　近代の工業化学や化学工業は、イスラーム世界で発達した「錬金術」に負うところが大きい。アラビア語の「錬金術」と「化学」は同意語でもあり、工業化学の技術として発達するとともに、宇宙や精霊に関する神秘主義的・哲学的な要素をあわせ持ってい

た。当時は卑金属を貴金属に変換するという、金属の変性「物質変成理論」を信じる学者もあり、霊魂の調和をめざす精神変換理論とつながっていた。今日の「化学」（chemistry）にあたる西洋語の語源はアラビア語 al-kīmiyā' である。アラビア錬金術は、ギリシアの物質理論、エジプト・メソポタミアの化学的技術、東地中海世界のヘルメス主義などの神秘思想に起源をもつが、「神秘主義的思想」としてではなく、実験と技術的知識を重んじたことによって、産業と結びついて発展した。それによって、近代化学の基礎となったのである。

　初期イスラーム世界の錬金術師としては、ジャービル・イブン・ハイヤーン（722?–815?、ラテン名ゲベル）がもっともよく知られている。アブー・バクル・ラーズィー（864–925 または 932 年、ラテン名ラーゼス、哲学者・医学者）は実験的手法を詳細に述べており、そこには前段階の化学としての錬金術がみられる。イブン・スィーナー（医学者、哲学者、ラテン名アヴィセンナ）やイブン・ハルドゥーン（歴史家）などのような著名な錬金術批判家もいたが、錬金術が近代化学の発展に大きく寄与したことは事実である。

　ジャービルはアッバース朝のカリフ、ハールーン・ラシードの宮廷医として仕えた後に宮廷付の科学者となったと言われる。ジャービルの錬金術は秘教的であると同時に、実験や技術を重要視した技法を確立させ、「化学の父」と呼ばれた。ジャービルの著作はいくつかのアラビア語写本や、ラテン語訳で残されている。それによると、硝酸、王水、硫酸、塩酸などの「酸」の作り方が記述されており、実際に卑金属を貴金属に変える薬品を求めて多種の酸の生産を開始したようである。また、アルカリと酸を分けることも熟知しており、彼の後、ラーズィーがアルカリや苛性

ソーダの製法を記述していることは、歴史的にも重要な点である。

　これらの酸を用いて、固形石鹸がアラブ人によって世界で最初に製造され、ヨーロッパへ広まった。10世紀頃から、植物性着色剤や香辛料を加え、オリーブ油を用いた化粧石鹸や、薬用石鹸も製造されるように
なった。シリア
のダマスカス、ア
レッポ、パレスチ
ナのナーブルスな
どで生産されるオ
リーブ石鹸は、今
日でも肌に優しい
として有名である。
ラーズィーはオ
リーブ油からグリ
セリンを製造する

イスラーム世界発祥のオリーブ石鹸。右はシリアのアレッポ製、左はフランスのマルセイユ製。日本でも手に入る。

工程も記述している。

　興味深いことに、石油産業もこの時期に開発された。現在のアゼルバイジャンにあるバクー油田について、885年には当時のカリフが油田収入を住民に与えたことが報告されていることから、石油はかなり早い時代から採取されていたとみられる。原油は蒸留技術によって精製され、燃料としてだけでなく、医薬品としても用いられていた。マルコ・ポーロの旅行記にも、バクー油田についての記載がある。

　イスラーム化学がヨーロッパへもたらされたのは、1144年2月11日のことであったと言われる。それは、イギリス人、チェス

ターのロバート（Robert of Chester's）がスペインのセゴビアで、セゴビアの支配者でカトリックのフェルディナンド1世の支援をうけて、ジャービル・イブン・ハイヤーンの著書『錬金術組織概論』の翻訳を完成した日であるとも言われる。ロバートは、錬金術師として名高かったジャービルの著作や、フワーリズミーの代数学に関する著作などの多くの著作を、アラビア語からラテン語に翻訳して発表した。この翻訳事業によって、イスラーム化学がいかに発展したものか、初めてヨーロッパに知られることになった。

　よく似た名前で同じイギリス人のケットンのロバート（ケットンのロベルトゥス）は、1143年、クルアーン（コーラン）をラテン語に訳した最初の人物として知られる。イスラームの化学と数学をヨーロッパへ紹介したチェスターのロバートとは別の人物である。ケットンのロバートについては、第8章で説明する。

2. 数学（al-riyāḍīyah）

（1）アラビア数字

　イスラーム文明の中で大きな進歩を遂げて、今日の科学技術に貢献した学問の中に「数学」があり、そのために用いられた数字について、「アラビア数字」という名称が残されたのである。

　数学には実際的な用途と目的があり、イスラーム世界で最も早く進歩した学問である。数学は、アラビア語ではリヤーディーヤとよばれるが、これは、「訓練・教育」を意味し、数を用いて知的訓練を行う学という意味である。英語ではエクササイズにあたる。学問としてのアラビア数学は、ギリシアからインド、ペルシ

アを経てアラブに導入され、まずはギリシア文献の翻訳と注釈という運動によって発展したと言われる。

　元来、アラブ世界ではさまざまな記数法が用いられた。古代のアルファベット順に基づいてアラビア語28文字のアルファベットの文字のそれぞれに数価をあてる「アブジャド」という表記方法がある。しかし、これは計算には向いていないので、詩や文学作品の中で日付や年代を示す場合や、まじないのためなどに用いられている。

　それに代わって、天文学と数学ではインド起源のアラビア数字が用いられた。しかし、インド数字については、インドからイスラーム世界への正確な伝来経路はいまだに不明である。

インド数字とアラビア数字

（出所：菊地達也編著『図説　イスラム教の歴史』河出書房新社、2017年、52頁）

　科学史上、アラビア数学はギリシア数学を発展させながら、無理数などの数概念の拡張、完全数などに関する整数論、平面・球面三角法における公式、正多面体・多角形作図法、組合せ理論など、数多くの独創的な成果を生み出した。またインド数字を取り込むことによってフワーリズミーが開発した代数学の成立・展開は、アラビア数学に特有なものであり、多項式の乗除や二項展開、不定方程式論、高次方程式の近似解法などの発展が挙げられる。

また光学で知られるイブン・ハイサム（965 頃 – 1041 頃）らの学者はアルキメデスの理論を発展させ、面積計算において高度な無限小計算法を編み出した。これらは、ギリシア・ローマの 60 進法（ローマ数字）では計算することが困難であった。

ローマ数字

ローマ人はアルファベットを用いて数を表記した。1 は I、5 は V、10 は X、50 は L、100 は C などであるが、大きな単位の数を表記するのに大変苦労した。例えば 1999 は、CIƆIƆCCCCLXXXXVIIII と表記した。1000 （CIƆ）と 500 （IƆ）の右端のƆ は、C を裏返して左右を逆にした記号になる。これをアラビア数字では 1999 で表せるし、さらに 0 を付け加えるだけでいくらでも大きな数字を表すことが出来るようになった。ローマ数字も、時代が下がると、より簡便な記数法が発達したが、それでも 1999 は MCMXCIX、2020 は MMXX であり、これでは簡単な計算すらできない。アラビア数字がいかに画期的な記数法であるか、理解される。

アラビア数学は理論のみならず、さまざまな計算法や検算法の案出など実践面でも多大な成果をあげ、商業交易上の計算、ザカート（義務の喜捨）や遺産分割の計算、モスクの装飾技術ムカルナスなどの建築設計にも適用された。円周率 π や 1° の正弦の値も詳細に計算されるようになった。初期の数学は、スペイン、イタリアを中心として多くのアラビア語学術書がラテン語に翻訳された 12 世紀ルネサンス期にヨーロッパへ伝わり、西洋中世数学の展開の基礎を築いたが、しかしイスラーム科学後期の高度な数学はほとんど西洋に紹介されることはなかった。

（2）ゼロ（ṣifr）と小数（'ushrīy）の発見

　吉田洋一の『零の発見』（岩波新書、1939年、pp.20–51）によれば、ゼロが発見されたのはインドにおいてであった。6世紀頃に位取り記数法が行われるようになり、7世紀初めごろのインドの数学者ブラーマグプタの書物には、「いかなる数にゼロを乗じても結果は常にゼロであること」、また、「いかなる数にゼロを加減してもその数の値に変化がおこらないこと」というゼロの性質が記載されているという。このようにインドで使われるようになった「ゼロの概念」は、便利な記数法としてアラビア人の手をへて十字軍やイベリア半島でヨーロッパに伝えられ、それまでのローマ数字の記数法に代わって「アラビア数字」として用いられるようになった。アラビア数字にゼロを加えることによって、いくらでも高い位を作ることができ、大きな数字を記述するのに便利な方法となった。1202年にピサのレオナルドという人物がインド記数法とそれによる商業算術をヨーロッパに伝えたという。その記数法は、紙の使用とともに急速に広まった。

　10世紀に、ダマスカスとバグダードで活躍した数学者のアブー・ハサン・アル＝ウクリディスィーが、今日まで残っている著書『インド式計算解説』（952年？）の中で、小数について、計算上、いかに正しく運用するか、その方法を説明している。恐らくこれが世界で最初の「小数」の使用であろう。

（3）フワーリズミー（Al-Khwārizmī）

　アラブ世界の数学者として最も高名な学者は、中央アジア、ホラーサーンのヒヴァで生まれたとされるフワーリズミー（780?-850?、ラテン名、アルゴリスムス）である。アラビア科学初期の9世紀

フワーリズミーの像（ア
ミール・カビール工科大学、
テヘラン）（M. Tomczak 撮
影、CC BY-SA 3.0）

前半、おもに数学・天文学の分野で活躍した。832年頃からアッバース朝の第7代カリフ、マアムーンに見出され、世界地図作製などのプロジェクトに携わり『大地の姿の書』を作成した。

　フワーリズミーの時代より200年ほど前に著述された、古代インドの記数法および計算法を紹介した数学書は、サンスクリット語の原本も、フワーリズミーが翻訳したアラビア語の『シンドヒンド』も、すべてが失われたが、現在までアラビア語本のラテン語訳が残されている。『シンドヒンド』によって、彼はインド天文学の理論を学び、数理天文学を集大成した『フワーリズミー天文表』を作成したが、これも不完全なラテン語訳しか残っていない。

　彼に今日まで続く名声を与えたのは、彼の著書『アル＝ジャブル・ワ・アル＝ムカーバラ（負項除去と同類項簡約）計算の抜粋の書』である。この本は代数学に関する世界で最初のまとまった書物として知られる。ここには、2次までの方程式の理論やインド流の計算法の解説のほか、商売の計算、初歩的な面積計算や、遺産分配の計算例が集められている。さらに、彼は、光学、重さの学、機械術を加えている。これらは12世紀以降のヨーロッパにも知られ、彼の名フワーリズミー（Al-Khwārizmī）からアルゴリズム（algorithm）という言葉が生まれた。これはインド式計算法から転じて「計算の手順」という意味である。今日でも代数学をア

ルジェブラ（algebra）と呼ぶのは、フワーリズミーの貢献による。

　インドから伝わったゼロの概念と十進法によって、フワーリズミーの数学は日常的な用途だけでなく、地理や地形の図面作成、天体の運行を正確に計算することによって天文学を発達させ、正確な暦を作成することができるだけでなく、光の運動や固体の性質にいたるまで、まさに近代テクノロジーにつながる手段を提供したのである。彼は、代数計算法、天文学、天体計算法を確立し、古代ギリシアのプトレマイオスの理論と世界地図を訂正した。

　彼の死後、700年もたってから、ヨーロッパの大学では数学と天文学の中心的な教科書として、彼の著作が用いられた。数学は、ヨーロッパでは、今日のリベアルアーツのもとになった「自由七科」の要素の一つで、算術、幾何学、音楽、天文学を含む「四科」として知られている。

（4）イブン・ハイサム

　イブン・ハイサム（965頃 – 1041頃、ラテン名、アル＝ハーゼン）は、光学・数学・天文学などの分野で活躍した学者である。イラクのバスラ出身で、カイロのファーティマ朝のカリフ、ハーキムに召し抱えられ、カリフが建設したダール・アル＝ヒクマート（諸知識の館）で研究生活にはいる。若い頃に宗教的な諸学を学んだが、そこには真理を見出せず、アリストテレスの著作を学ぶことによってギリシア学術の優位を確信して、その道をきわめた。カイロに移住後、ナイル川の洪水を制御できるとカリフに申し出て失敗し、狂王と恐れられたハーキムの逆鱗に触れないようにと、カリフの死まで狂人を装って隠遁していたと伝えられる。

　200冊を超えるという多くの著作があるが、主著『視学（光

学）の書』は、この分野でプトレマイオスに代わる新しい基礎を築いた。物の見え方やその仕組みを「可視光線が目から出るのではなく、光が目にいたる」と考え、光や色の性質、目の構造などのほか、反射や屈折についても詳しく研究した。同書は後のヨーロッパの視学の発展に決定的な影響を与えた。また、確かな知識を得るために実験をするという科学的方法論が示されていることでも重要である。

　彼は実験器具を用いて、世界で初めて光が直進することを証明したが、この業績は1000年後のアインシュタインの業績と同等視されるべきであろう。

　また、大気圏の厚みや万有引力の原理についても発見しており、これらの業績はニュートンより600年も前のことであった。そのほかにも、プトレマイオス天文学の批判や、ユークリッドの数学の再検討などでも知られる。また、「アルハーゼン問題」という有名な定理も発見したが、これは、円と交わる2つの直線がある1点で交わってできた角の大きさに関する定理で、4次方程式を導いたとして知られる。

　イブン・ハイサムは国連が制定した「光と光技術の国際年IYL2015」の催しで一時的に再評価されたが、本来ならニュートンと同等に世界中で認められるべき大学者なのである。

（5）ウマル・ハイヤーム（1048-1131）

　そのほかにも多数の学者が活躍したが、中でもイランの天文学者、数学者、詩人であるウマル・ハイヤームは、特に詩人として知られている。セルジューク朝宮廷に仕え、高次方程式を解き、計算だけで正確なジャラーリー暦を作成した。この暦は今日の1

郵便はがき

料金受取人払郵便

神田局
承認

7451

差出有効期間
2021年7月
31日まで

切手を貼らずに
お出し下さい。

1 0 1 - 8 7 9 6

5 3 7

【 受 取 人 】

東京都千代田区外神田6-9-5

株式会社 明石書店 読者通信係 行

‖‖ı‖·‖·‖‖‖‖ı‖‖‖ı‖ı‖‖ıı‖‖‖‖‖‖‖‖‖‖‖‖‖‖‖‖‖‖

お買い上げ、ありがとうございました。
今後の出版物の参考といたしたく、ご記入、ご投函いただければ幸いに存じます。

ｇがな		年齢	性別
名前			
住所 〒 　　-			

TEL 　　(　　) FAX 　　(　　)	
ｰルアドレス	ご職業（または学校名）

書目録のご希望	＊ジャンル別などのご案内（不定期）のご希望	
ある	□ある：ジャンル（ 　　　）	
ない	□ない	

書籍のタイトル

◆本書を何でお知りになりましたか？
　　　□新聞・雑誌の広告…掲載紙誌名[　　　　　　　　　　　　　　　　　　　]
　　　□書評・紹介記事……掲載紙誌名[　　　　　　　　　　　　　　　　　　　]
　　　□店頭で　　　□知人のすすめ　　　□弊社からの案内　　　□弊社ホームページ
　　　□ネット書店[　　　　　　　　　　　]　□その他[　　　　　　　　　　　]
◆本書についてのご意見・ご感想
　　　■定　　　価　　　□安い（満足）　　□ほどほど　　　□高い（不満）
　　　■カバーデザイン　□良い　　　　　　□ふつう　　　　□悪い・ふさわしくない
　　　■内　　　容　　　□良い　　　　　　□ふつう　　　　□期待はずれ
　　　■その他お気づきの点、ご質問、ご感想など、ご自由にお書き下さい。

◆本書をお買い上げの書店
　　　[　　　　　　　　　市・区・町・村　　　　　　　　書店　　　　　　　店

◆今後どのような書籍をお望みですか？
　　　今関心をお持ちのテーマ・人・ジャンル、また翻訳希望の本など、何でもお書き下さい。

◆ご購読紙　(1)朝日　(2)読売　(3)毎日　(4)日経　(5)その他[　　　　　　新聞
◆定期ご購読の雑誌 [

ご協力ありがとうございました。
ご意見などを弊社ホームページなどでご紹介させていただくことがあります。　　□諾　□否

◆ご　注　文　書◆　このハガキで弊社刊行物をご注文いただけます。
　　　□ご指定の書店でお受取り……下欄に書店名と所在地域、わかれば電話番号をご記入下さい
　　　□代金引換郵便にてお受取り…送料＋手数料として300円かかります（表記ご住所宛のみ）。

書名

書名

ご指定の書店・支店名	書店の所在地域		
		都・道 府・県	市 町
	書店の電話番号	（　　　）	

年の長さと8秒あまりしか違わない正確な暦である。彼の天文学は、地球が自転しているとして地動説を説くなど反イスラーム的な内容も含んでいるので、ペルシア文学史上においても独特な存在である。研究の合間に書き綴った『ルバーイーヤート』(4行詩) が後世に伝わり、今日では数学者としてより、ペルシア詩人として世界に知られる。

『ルバーイーヤート』において詩人は、宇宙の根源を知ろうと欲しても、人知の及び得ない領域もあると嘆いている。ここには、ペルシア人として、古代イランの栄光を回顧し、一瞬のうちに永遠を見る思想が盛り込まれている。

3. 天文学

(1) 天文学の重要性

イスラーム以前からアラブの人々の間には実用的な天文知識が存在していたが、学術的な天文学は、8世紀後半頃からペルシアやインドの影響を受けて始まった。歴代のイスラーム王朝は、支配地域に学問所・図書館と共に天文台を設置することが習わしとなり、とくにインドからは、天文学者がアッバース朝の宮廷を訪れて天文学書をもたらしており、それをもとにしたアラビア語の天文学書がいくつも書かれた。その後まもなく、9世紀前半を中心とした大翻訳活動によってギリシアの学術が本格的に導入されると、天文学もプトレマイオスの『アルマゲスト』を中心としたギリシア天文学が主流となる。

アラビア天文学のもっとも重要な資料はいわゆる「天文表」である。これは当時の数理天文学を集大成した書物で、天体、とく

　2世紀後半に活躍したギリシアの研究者プトレマイオスがギリシア語で著した数理天文学の書物。原題は『数学集大成』で、最高の書（アルマゲスト）とたたえられ、アラビア語風に音訳されて「アル＝マゲスト」から「マジスティーの書」となった。8世紀末からアラビア語に翻訳されて以来、イスラーム世界でも天文学の究極の書物として重視された。この書のおもな目的は太陽・月・惑星の運動や現象の計算であって、宇宙の実際の姿を論じるものではなかった。円と等速回転のみを使う観測データに基づいて、できるだけ単純な運動モデルをつくり、計算結果を検証してモデルの変更を行うという手法は、まさに科学的と言えるものであった。しかしそのモデルには不自然な点もあったので、この問題はギリシア世界ですでに指摘されていたが、イスラーム世界でもさらに深く追究され、フワーリズミーやイブン・ハイサムらによって批判・訂正されて、後のヨーロッパで近代天文学や近代科学が生まれる基礎となった。

に太陽・月・惑星の位置や諸現象を計算するための理論と数表を中心とし、三角関数や球面天文学の諸表、平均運動表や補正表、恒星表などのほか、暦の変換や各地の緯度・経度、占星術のための計算なども含まれる。天文学者に数学者が多いことは、天文学が数学の知識と手法を基盤としているからでもある。

　天文表のほかにも、太陰暦を運用するために、新月の初見など数理天文学の個別の分野を扱ったものや、アストロラーベ（天球儀）や日時計などの天文器具に関するもの、宇宙の構造など自然学とかかわるテーマを論じたものなど、多くの書物や論考がある。

　そもそもイスラーム世界の天文学のおもな目的は、正確な太陰暦、イスラーム暦を維持するためである。クルアーンによって1

年は 12 か月であると決められていて、閏月を設けることができないからである。イスラーム暦のひと月は、最初の三日月から次の新月までとなる。基本的には、月の満ち欠けを目視で観測して何日かを決定するために、今日でさえ、伝統的な「目視」法が採用されている。しかし、同時に当初から、天文学的・数学的手法や三角法を用いて、暦は正確に計算されてきた。インドからもたらされた三角法は正弦（サイン）だけであったが、バグダードの学者たちは、余弦（コサイン）、正接（タンジェント）、余接（コタンジェント）、正割（セカント）、余割（コセカント）を決定して、三角法を使いこなした。

　イスラーム王朝のカリフや君主が各地に天文台を建設して天文学を奨励したのには 3 つの理由がある。

① 　1 日 5 回の礼拝時間を、それぞれの地域に沿って正確に決めることと、礼拝のためにマッカの方角を決定することは、ムスリムにとって重要なことである。

② 　帝国の拡大と、通商地域の拡大は、それぞれの地域間の距離を、地上であれ航海上であれ、正確に計算することが必要となってくる。

③ 　天文学に関係した多くの学者は宮廷に仕えて占星術も行っていたので、占星術の活用という必要性もあった。当時のイスラーム世界も、ギリシア世界と同様に占星術が実用化されていた。

　アラビア天文学理論の基本的な枠組は、前述のように、プトレマイオスのものであるが、独自の観測結果や実際の計算の必要性から、多くの表は完全に書き換えられ、また、理論の修正や新しい数学的手法の考案もさまざまに行われた。さらに、計算のため

の理論としてのプトレマイオス理論の優秀さを認めながらも、そこで使われる天体運動のモデルの不自然さに注目し、計算のためだけではなく、実際の宇宙の姿も反映させた「真の天文学」（イブン・ルシュドの言葉）を打ちたてようという努力もなされた。それには10世紀のアル゠バッターニー、11世紀のイブン・ハイサム、アル゠ビールーニー、12世紀のイブン・トゥファイルやビトルージー、13–14世紀のナスィールッディーン・トゥースィーやイブン・シャーティルなどが重要な役割を果し、後のヨーロッパでの新しい天文学の出現に大きな力となった。

　アル゠バッターニーはトルコ出身で、望遠鏡も電子計算機もない時代に三角法を用いて、489個の恒星のカタログを作成し、1年を365日5時間48分24秒と計算しているが、これは今日の数値と数分しか違わない。また、元朝の郭守敬によって作成された「授時暦」にはイスラームの天文学の成果が取り入れられている。「授時暦」は江戸時代に作成された「貞享暦」にも影響を及ぼしている精密な陰陽暦である。

（2）アル゠ビールーニー（973年–1048年）

　ホラズム出身の著述家・数学者・天文学者・旅行家・哲学者・薬学者・占星学者という博覧強記の学者で、さらに歴史学、言語学にも言及しており、イスラーム世界を代表する11世紀の知識人である。

　初期には数学を学び、イラン、中央アジアの各地を遊歴した。イブン・スィーナー（アヴィセンナ）とも交流を持った。サーマーン朝の君主マンスール2世やホラズム・シャーのマアムーンなどに仕えたが、ガズナ朝がマーワラーアン゠ナフル（アム川の北

岸をさし、現在のウズベキスタンとタジキスタン、カザフスタン南部とキルギスの一部が含まれる）を征服すると、1017 年から 1030 年にかけて、ガズナ朝のスルターン・マフムードに仕えた。マフムードの十数回に及ぶインド遠征にたびたび随行し、インドの民俗、歴史、法律および言語をまとめた『インド誌』を 1030 年に完成させた。同年、天文学書『マスウード宝典』をまとめあげた。この本の中で、地球の自転を説き、地球の半径を約 6339.6 km と計算している。現在の観測による数値（赤道面での半径）は 6378 km であり、極めて正確であったといえる。他に薬学全集『薬学の書』、鉱物事典『宝石の書』を執筆した。著書の数は 120 を超える。著書は主にアラビア語で執筆されている。『ヨーガ・スートラ』のアラビア語訳などインド関連の著作が 20 編ほどあり、プトレマイオスの『アルマゲスト』をサンスクリットに翻訳することを試みたと言われる。

第8章

医学者と哲学者

　イスラーム世界の医学は、早くもウマイヤ朝の時代に、ガレノス、ヒッポクラテスなどのギリシア医学の導入によって始まったが、アッバース朝になってからは、ギリシア医学を批判的に受け継ぐことによって本格的に発展した。フナイン・イブン・イスハークなどのような、高名な翻訳者兼医学者が活躍したのはその頃である。またインドの医学もサンスクリットから直接、翻訳されたり、中世ペルシア語であるパフラヴィー語を通じて導入されたりした。

　イスラーム医学を、十字軍時代のヨーロッパの迷信に従った野蛮な医療と比較すれば、身体の構造、血液や体液の流れ、薬草学の知識などに支えられた合理的な治療法を採用していたことが理解できる。当時のヨーロッパの治療は、基本的に悪い箇所を切り取るという処置が主流であり、患者は多くの場合、即死していたらしい（『地中海世界のイスラーム』114–115頁）。

1. 医学 (tibb) の発達

　ギリシアの医学者ガレノス（129頃–199頃）は、ヒッポクラテスの医学を継承発展させた医学者であるが、同時にアリストテレス主義をかかげた哲学者でもある。アッバース朝下でガレノスの著作がアラビア語に翻訳されることによって、イスラームにおい

て医学と哲学両方の分野で大きな影響を与えた。フナイン・イブン・イスハークの作成したガレノスの著作目録には、ギリシア語で残されていない、書名だけの著作も含まれている。

　イスラーム初期には、ガレノスの学問は不動の地位を占めていたが、やがて歴史学者として高名なタバリー（839–932）や、前章で紹介した錬金術師であり化学者としても高名なアブー・バクル・ラーズィー（864–925 または932年、ラテン名ラーゼス）によって批判され、改訂されることになる。こうした医学研究によって、イスラームの医学者たちは、人体の血流、骨格、筋肉、神経などの構造を世界で初めて解明した。

　イスラーム世界では、医学者は広義に「賢者」とも呼ばれ、尊敬されたが、それは、医学研究が自然研究にもつながり、自然学、哲学、神学などとも結びつくからであった。

　イスラーム支配地域では、早い時期から医学校や病院が各地に建設された。病院はビーマーリスターン（ペルシア語）、ムスタシュファー（アラビア語）と呼ばれ、ウマイヤ朝の707年にカリフ、ワリードによって初めてダマスカスで建てられたと伝えられている。医師免許制度も統一的ではないが普及していた。しかし、本格的な病院は8世紀末にアッバース朝カリフ、ハールーン・ラシードがバグダードに建設したとされる。

　著名な医学者としては、『医学集成』（『包括の書』とも呼ばれる）や『マンスールの書』を書いたアブー・バクル・ラーズィー、『医学典範』を書いたイブン・スィーナー、『医学実践の手引き』を書いた外科医学者ザフラーウィー（936–1013）たちがいる。彼らはイスラーム世界に多大な影響を及ぼしたのは言うまでもなく、その著作はのちにラテン語にも翻訳され、数世紀にわたって西洋

の大学で学ばれつづけた。

　ラーズィーは若くしてバグダードの2つの大学病院の院長職にも就いた。彼の医学知識は近代の医学理論にも適合するレベルのものであり、当然のこととして当時のカリフや高官たちに寵愛されたが、貧者には無料で最高級の治療を施すなどの善行でも知られる。ラーズィーはラテン名「ラーゼス」として、イブン・スィーナー（アヴィセンナ）とともにイスラームの二大医学者として尊敬された。

　イスラーム医学はインドにも伝えられ、ムガル朝第3代皇帝アクバルの治世（1556-1605）にユーナーニー医学として広く導入され、今日でも民間療法として存続している。「ユーナーニー」とは当初「ギリシアの」を意味したが、やがて南アジアでは、イスラームに関することすべてを意味するようになった。

　イスラーム医学とその文献は、他の学問より早く、既に10世紀にイタリア、サレルノの医学校に、イスラームの医学を学んだことのある一人のユダヤ教徒がもたらしたと伝えられている。11世紀になると、アフリカのコンスタンティヌス（コンスタンティヌス・アフリカヌス）と呼ばれるカルタゴ出身の人物が薬商人から身を起こしてイスラーム医学を学び、アラビア語で書かれた医学書をラテン語に翻訳して、サレルノの医学校へもたらしたと伝えられる（『地中海世界のイスラーム』105、116頁、『失われた歴史』311頁）。これらの人々の貢献によって、サレルノの医学校が、中世で最も早く進歩した医学校だったと言われるようになった。

　しかし、ヨーロッパの医学校で外科学が取り入れられるようになるには、長い時間がかかったようである。1163年には教会が外科学を医学教育に取り入れるのを禁止する布告を出したが、十

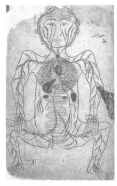

16世紀にイランで作成された人体解剖学の教本。
原本は1396年に編集されたとみられ、当時では
最新の医学情報を教えるものであった。
上段左からそれぞれ、心臓（循環器）、神経、胃と
消化器のシステム、下段は骨格を表したもの。

字軍からの帰還者がイスラーム医学を伝えたり、アラビア語から
ラテン語に翻訳された医学書が出回るようになったりしたことで、
ヨーロッパ各地の医学校で外科学が学ばれるようになった。こ
うして、16〜17世紀までのヨーロッパの医学では、ラーズィー
（ラーゼス）やイブン・スィーナー（アヴィセンナ）などの医学書が、
ガレノスやヒポクラテスのギリシアの医学書より、はるかに多く
刊行されていて、ヨーロッパの医学教育は、イスラーム医学に依
存しながらも次第に発展してきたのである。

（1）イブン・スィーナー

（Ibn Sīnā, 980–1037、ラテン名アヴィセンナ）

　イブン・スィーナーはイスラーム世界を代表する医学者・哲学者である。「頭領」（シャイフッライース）と尊称される。中央アジアのブハラ近郊に生まれ、イラン各地の宮廷に医師あるいは宰相として仕えたのち、ハマダーンで没した。彼は早熟の天才であり、イスラームが生み出した最高の知性のひとりとして、今日にいたるまでその評価は衰えていない。またアヴィセンナの名で西洋世界にも知られ、哲学や医学の分野で大きな影響を与えた。今日確認されている著作の数は大小合せて130点を超え、その範囲は医学や哲学にとどまらず、詩やクルアーン注釈にまでおよんでいる。

　代表作は、論理学・自然学・数学・形而上学・実践哲学を含む大著『治癒の書』と、理論と臨床的知見とを集大成した『医学典範』（『医学綱要』ともいう）である。また晩年に到達した思想を簡潔に述べた『指示と警告』も重要であり、これらはいずれも規範的テキストとして読み継がれ、数々の注釈が著された。特に『医学典範』は18世紀にいたるまでヨーロッパ各地の医学校の基礎教科書として用いられた。

『医学典範』の写本

　このような輝かしい業績とは裏腹に、彼の人生は王朝の盛衰に翻弄され、各地で出世と没落を繰り返し、政敵に追われて逃げ回ることが多い不遇な一生で、名医として安定した生活を送った期間は短かった。自らも腸疾患で苦しみ、最晩年は、自力では歩く

こともままならず、生まれ故郷のハマダーンへ連れ帰られて、苦難のうちに 57 歳で死亡した。死亡時には家族も財産もなかったと伝えられる。

イランのハマダーンにあるイブン・スィーナーの墓所
（Fars News Agency 撮影、CC BY 4.0）

（2）アル＝ザフラーウィー

（Abu al-Qasim al-Zahrawi, 936 – 1013, ラテン名アブルカスィス）

　アンダルスで活躍した外科医で、「近代外科手術の父」とも呼ばれる。後ウマイヤ朝の宮廷医でもあった。大著『医学の方法』を著し、この書籍は 12 世紀には早くもラテン語に翻訳された。

　後ウマイヤ朝が最後の栄華を極めた時代に、近代手術の父として、名誉ある生涯をコルドバで過ごした。彼が住んでいた通りは彼にちなんでアブルカスィス通りと名付けられ、彼の住んでいた家は今日まで保存されている。本書で紹介した医学者の中では、最も幸福な生涯を過ごした人でもある。彼が記した多くの著作は失われたが、唯一、30 巻にのぼる『医学実践の手引き』（『医学の方法』とも呼ばれる）は約 100 年後にクレモナのジェラルドによってラテン語に翻訳され、イラストもつけられた。これによって、『医学実践の手引き』は中世ヨーロッパでは、イブン・スィーナーの『医学典範』と共に 1800 年代にいたるまで、医学校の必須教科書として用いられた。

（3）イブン・ルシュド

（Ibn Rushd, 1126–98, ラテン名アヴェロエス）

アンダルスで活躍した哲学者・法学者・医学者で、コルドバの名門の家に生まれ、法学者としての教育を受ける。1168年頃、宮廷医であったイブン・トゥファイルの紹介でムワッヒド朝（1130–1269）の君主アブー・ヤアクーブに謁見し、セビーリャの法官に任命され、1182年にはコルドバの大法官となり、さらには、イブン・トゥファイルの後を継いで宮廷医となる。医学の著作には16世紀までヨーロッパで用いられた医学百科ともいえる『医学大全』がある。次節

コルドバにあるイブン・ルシュドの像 （Sharon Mollerus 撮影、CC BY 2.0）

で説明するように、彼は一般に哲学者としての業績の方が高く評価されている。彼の思想は一時期、パリ大学の神学者たちによって、ラテン・アヴェロエス主義として大いに学ばれたが、間もなく教皇庁から彼の思想は異端となるとして禁止令が発布された。

2. イスラーム哲学の展開

イスラーム哲学はファルサファ（falsafah）と呼ばれるが、これはギリシア語フィロソフィアから来た言葉で、ギリシア哲学の移入によって成立した外来の学問である。ハディース（預言者の生前の言行録）学やイスラーム法学などのイスラームの伝統的学問とは異なり、イスラーム哲学では、人間の理性を第一の原理と考え

るために、理性的学問とも呼ばれる。西洋中世のキリスト教世界では、哲学は神学の補助と考えられたが、イスラームでは哲学と神学はまったく別の学問と捉えられている。また神学がマドラサなどの公的教育機関で教授されたのに対し、哲学はもっぱら私的な集まりで教えられた。そのために、後期のイスラーム哲学の中には、宗教化の過程で神秘思想的な傾向が見られることになる。

　イスラーム哲学は数学や自然学を含む広範な学問分野であり、その体系的著作は論理学・自然学・数学・形而上学から成り、自然学には気象論や宇宙論などが、数学には天文学や音楽理論などが含まれた。したがって哲学者は優れた自然学者・科学者・医学者であることが多く、科学史に名をとどめる例も多い。またイスラーム哲学にはユダヤ教徒やキリスト教徒、サービア教徒、ゾロアスター教徒などの多くの異教徒が参加している。たとえば、ギリシア文献のアラビア語への翻訳者の多くはネストリウス派のキリスト教徒であったし、エジプトでアイユーブ朝の宮廷医として活躍したイブン・マイムーン（マイモニデス）などのユダヤ教徒も、哲学の発展に多大な貢献を行った。

イブン・マイムーン（1135–1204、ラテン名マイモニデス）

　今日でもラテン名のマイモニデスの方がよく知られる。彼はアンダルスのコルドバで生まれたユダヤ人である。他宗教に対して不寛容なイスラーム王朝ムワッヒッド朝による迫害から、家族とともに北アフリカへ逃れた。モロッコ、パレスチナなどの各地を放浪したのち、エジプトのアイユーブ朝の宮廷医となり、中世ユダヤ教世界を代表する哲学者・医学者・法学者として活躍し、同地のユダヤ人社会の指導者として尊敬された。医学、哲学、ユダヤ法などの分野に多くの著作があるが、哲学書と

しての主著で、宗教・科学・哲学間の矛盾に迷う弟子に向けて書かれた『迷える人びとの導き』が、後世に大きな影響を与えた。この書は、当時のイスラーム圏で暮らすユダヤ人が用いていたユダヤ・アラビア語（ヘブライ文字で表記されたアラビア語）で書かれていた。

その中で彼は、聖書の言葉に隠された真の意味をアリストテレス哲学によって解釈しようとした。その試みはあまりに合理主義的であると批判されたが、聖書の哲学的解釈の指針として、トマス・アクィナスなどにも影響を与えた。この書は、イスラーム哲学や神学についての深い知識に基づいて書かれており、当時のユダヤ教とイスラーム双方の思想を知るうえで第一級の資料でもあり、各国語に翻訳され今日まで研究されている。

第3章で説明したが、ギリシア哲学文献の翻訳が本格化したのは、9世紀、アッバース朝カリフのマアムーンの時代で、マアムーンがバグダードに「知恵の館」を建て、翻訳事業を奨励したことが直接の要因である。この大翻訳時代にもっとも活躍したのはネストリウス派キリスト教徒のフナイン・イブン・イスハークである。各地から集められたギリシア語原典の翻訳は、当初はギリシア語からシリア語やペルシア語を介してアラビア語へ、という順序で行われ、後期にはギリシア語から直接アラビア語へ翻訳された。とくにアリストテレスの著作は、注釈を含めてほぼすべてがアラビア語に翻訳されて、今日まで伝わった。

最初期のムスリム哲学者はキンディー（アル＝キンディー）で、彼の活躍はこの翻訳期と重なっており、アラビア語による哲学の発展に貢献した。大成した哲学者にはペルシア人やトルコ人が多かったが、キンディーは最初のアラブ人の哲学者であると言われる。しかし思想的には不十分で、本格的な哲学の誕生はトルコ系

のファーラービーによってなされた。ファーラービーはアリスト
テレスに次ぐ「第2の師」と尊称され、鋭い言語感覚と分析力
によって論理学や政治哲学の分野に優れた著作を残した。とくに
プラトン哲学に基づいて「理想国家論」を発表し、哲学と宗教の
関係を明確にした点は称賛される。

　こうした経緯の後、哲学の体系を完成させたのが医学者でもあ
るイブン・スィーナーである。彼の自然主義的な教説は、中期の
大神学者アブー・ハーミド・ガザーリーの『哲学者の自己矛盾』
によって、反宗教的であると批判されたが、彼の後も優れた後継
者が輩出し、イスラーム哲学は発展した。

　哲学者としてのイブン・スィーナーの後継者とされるのが、後
期の哲学者であるスフラワルディー（1154–91）とイブン・アラ
ビー（1165–1240）である。この二人は哲学とイスラーム神秘主義
（スーフィズム）の思想を合体させたために、今日でも高く評価さ
れる、独自の神秘主義的哲学を展開することになった。

　また神学の分野にもファフルッディーン・ラーズィー（ラーゼ
スとは違う神学者）およびナスィールッディーン・トゥースィーに
よって本格的に哲学が導入された。こうした諸領域の融合と構成
はその後も進展し、特にシーア派世界では19世紀まで高名な哲
学者が輩出した。

　12世紀のスペインの西方イスラーム世界では、ファーラー
ビーにならって国家における哲学者の生き方を問うたイブン・
バージッャやイブン・トゥファイルが輩出した。さらに医学者で
もあったイブン・ルシュド（アヴェロエス）は、この時期の最大の
哲学者でもあり、アリストテレスのほぼ全著作に膨大な注釈を施
すとともに、ガザーリーの神学的批判に応じて哲学書『自己矛盾

の自己矛盾』を著した。

　これらの著作の多くはヘブライ語やラテン語に翻訳され、西洋のスコラ哲学の発展に大きな影響を及ぼした。しかし西方イスラーム世界では、イブン・ルシュド以降は優れた哲学者が現れなかった。

3.　アヴェロエスからスコラ哲学へ

　イブン・ルシュド（ラテン名アヴェロエス）によるアリストテレスの全著作の注釈書作成は、彼が仕えていた君主によって禁止されたために、『政治学』を残して中断されたが、コルドバがレコンキスタの結果キリスト教徒の手に落ちた1230年代以降になって、彼の著作がラテン語に翻訳されることによって、キリスト教世界に継承されることになった。特にパリ大学の神学者が熱心にその著作の研究を行ったために、イスラーム支配下では不遇であったイブン・ルシュドは、ヨーロッパではラテン名アヴェロエスとして称賛されるようになり、ラテン・アヴェロエス主義として中世のスコラ哲学の形成に 大きな影響を与えた。

　イブン・ルシュドがヨーロッパへもたらしたアリストテレス哲学は、その合理的解釈を推し進めれば宗教的真理と理性的真理の二元論に向かっていく危険性を孕んでいた。パリ大学の急進的なアヴェロエス派に特にそのような傾向が強まり、教皇庁はそれを危険視し、トマス・アクィナスをパリ大学に派遣して、その学説の修正を求めた。ついに1270年に教皇庁はアヴェロエス主義を教授することを禁止したのである。

4. 高名な哲学者

（1）フナイン・イブン・イスハーク（809/810-877）

　中世アラブ世界最大の翻訳家で、「知恵の館」の翻訳事業にお
いて、ギリシア学術のアラブ世界への移転にもっとも功績のあっ
た人物である。ネストリウス派のキリスト教徒で医者、哲学者、
文献学者。ユーフラテス河畔のヒーラに薬剤師の子として生まれ
た。まず、ジュンディーシャープールで学んだのち、バグダード
に出て医学の修業をした。その後ビザンツで発展した文献批判学
の方法を身につけ、バスラでアラビア言語学を修めた。バグダー
ドに戻り、ギリシア語原典を集め、甥のフバイシュや息子のイス
ハークらと巨大な翻訳事業に乗り出した。翻訳の対象はガレノス、
ヒッポクラテス、ディオスコリデス、プラトン、アリストテレス、
プトレマイオス、ユークリッドなどギリシアの重要著作の大部分
に及んだ。彼の翻訳はギリシア語のテクスト全体の意味を把握し、
それをアラビア語に移しかえるもので、内容的にきわめて正確で
ある。

（2）ファーラービー（870 頃 -950）

　「アリストテレスに次ぐ第 2 の師」と称される哲学者。中世ラ
テン世界ではアルファラビウスあるいはアヴェンナサルと呼ばれ
た。新プラトン主義哲学の影響を受けた著作を書いているが、む
しろ言語論と論理学、政治学に大きな関心を寄せていた。彼の個
別的論点である知性論、流出論などはイブン・スィーナー思想の
先駆と目されている。

　生年は不明だが、トルキスタンのファーラーブで生まれ、ダマ

スカスで没した。バグダードのキリスト教徒のアリストテレス翻訳者および研究者グループに属し、キリスト教徒ヤフヤー・イブン・アディーを弟子にもつ。ただしファーラービー自身はキリスト教徒ではなく、翻訳活動も行っていない。しかしアリストテレスの『オルガノン』に対する彼の「中注釈」と部分的な「大注釈」は重要であり、これらの注釈が評価されて「第2の師」という讃辞が贈られた。また、文法学の見地からアラビア語を普遍的言語哲学として考察した。実践哲学では哲学と宗教信念の分析をもとに、都市における指導者の資質と役割を考察した。政治学としての著書『有徳都市の住人がもつべき諸見解の原理』の後代への影響は大きかったが、彼の言語哲学には後継者はいなかった。ファーラービーは、音楽理論の分野でも貢献し、今日のドレミファの音階を確立したと言われている。

新プラトン主義

古代末期に成立したプラトン主義の1つで、イスラーム思想の形成に大きな影響を及ぼした。アレクサンドリアで学びローマで活躍したプロティノス（205–270）に端を発したと言われる。万物は「一者」と呼ばれる原理から発出し、そこに回帰するという「流出論」が特徴である。この派の思想はアリストテレス哲学と結びついて当時の主流となり、キリスト教をはじめとする一神教の思想に多大な影響を及ぼした。イスラーム世界では9世紀の半ばに『アリストテレスの神学』および『純粋善について』と呼ばれる偽書が翻訳され流布したが、それらはプロティノスおよびプロクロスの著作をつなぎ合わせたものである。またイスラーム哲学で主流となったアリストテレスの思想は、新プラトン主義の影響を強く受けたものであった。さらにその影響はスーフィズムやシーア派（とくにイスマーイール派）の宇宙論や霊魂論などにも受け継がれている。

流出論

アリストテレスは、無からは無しか生じず、世界は永遠であると考えたが、神を目的因として定義し、永遠なる存在とは考えなかった。アリストテレスの思想を哲学の基盤として重視するイスラーム哲学は、神を無から世界を創造する永遠の超越神だというイスラーム的概念と、アリストテレス哲学との矛盾を調和させなければならなかった。一方、新プラトン派のプロティノスの『エンネアデス』では、神からの知性の流出が、太陽と光の比喩を用いて説明されていた。プロティノスらの著作の一部がアリストテレスの作と誤解されたため、アリストテレスの哲学には本来存在しなかった新プラトン主義的流出論がアリストテレスの思想として理解されることになった。

新プラトン主義的流出論は、哲学とイスラームの神・世界観を調和的に説明するのに好都合であった。10世紀の哲学者ファーラービーは、永遠なる神から第1知性が流出すると主張した。第1知性からは3者（第2知性と最高天の霊魂と身体）が流出するが、このプロセスは第10知性（能動知性）にいたるまで繰り返され、神と世界をともに永遠であると定義する。本来のアリストテレス哲学とは違い、世界に対する作用因として神は定義される。

この説はイブン・スィーナーに継承されている。また、哲学的流出論は、シーア派やスーフィズムにも大きな影響を与えた。

（3）イブン・スィーナー（アヴィセンナ）の哲学

109ページで触れた医学者として高名なイブン・スィーナーは、多くの哲学書も残している。彼の哲学的功績は、それまで断片的に主張されていた諸説を独自の視点から体系化したことにあり、存在論もその一例である。彼にとって「存在」はもっとも自明な概念であった。

その理由として彼は次のように言う。「なぜならば、たとえ私

たちからすべての知覚が奪われたとしても、私たちは自己自身の存在を疑うことはできないからである。ところが、私たちを含むあらゆる事物はそれ自身で存在しているのではなく、他の原因によって存在している。しかしそれらの原因すべてがまた別の原因を必要とすることは不可能であり、最終的にはそれ自身で必然的に存在するものがなければならないが、それが世界の「第1原因」としての神である」と。

こうした神の存在証明を「流出論」と組み合わせることで、神の超越性を確保し、同時に世界の生成を説明しようとしたのである。

彼の哲学は神学の立場からアブー・ハーミド・アル＝ガザーリーらによって批判され、純粋アリストテレス主義の立場からはイブン・ルシュドによっても批判された。しかし東方イスラーム世界では、彼の学説は優れた学者たちによって擁護され、後世へと継承されていった（彼の生涯については、本章1（1）を参照）。

（4）イブン・ルシュド（1126–98、ラテン名アヴェロエス）

イブン・ルシュドについては111ページで簡単に触れたが、1182年にイブン・トゥファイルの後を継いで宮廷医となった後、王の要請でアリストテレスの注解書の作成に取り組み、イスラーム神学の理論づけを行った。この注釈書によって、ヨーロッパにアリストテレスを紹介し、スコラ哲学に大きな影響を与えた。

しかし、1184年に君主となったアブー・ユースフ・マンスールは、北方のキリスト教徒のレコンキスタと戦っていたためか、次第に宗教的に不寛容となり、哲学を禁じ、哲学書を焚書した。イブン・ルシュドの学説も受け入れられなくなり、97年、突然その著作は発禁とされ、地位も追われてコルドバ近郊のルセナに追放

された。翌年マラケシュに召還され、王との間に和解が成立したが、まもなく同地で没した。

イブン・ルシュドの最大の業績は、『政治学』を除くアリストテレスの全著作に対する注解書の作成であろう。この注解書はのちにヘブライ語、ラテン語に訳され、中世ユダヤ教哲学、キリスト教哲学に大きな影響を与えた。他に哲学の著作としては、アブー・ハーミド・ガザーリーによるイブン・スィーナー哲学批判の書である『哲学者の自己矛盾』に対する反駁の書『自己矛盾の自己矛盾』、宗教・神学・哲学の調和を説き、哲学の探究がイスラームにおいては合法であるどころか、義務であることを主張した『聖法と叡知の関係を定める決定的議論』や法学の著作もある。彼はファーラービーやイブン・スィーナーの哲学に見られる新プラトン主義的な流出論を排除して、本来のアリストテレス哲学に近づこうとした（純粋アリストテレス主義）。しかし、彼の哲学はイスラーム世界においては後継者をもたなかった。

彼の哲学はヨーロッパではラテン・アヴェロエス主義と呼ばれ、イブン・スィーナーのラテン・アヴィセンナ主義と前後して、一時期、盛んに研究されたが、1270年2月にパリの司教はアヴェロエスの説を誤謬として異端宣告を下して、大学で教授することを禁止した（異端宣告に関する詳細は第9章4を参照）。

（5）アブー・ハーミド・ガザーリー
（1058–1111、ラテン名アルガゼル）

スンナ派イスラーム法学者、宗教思想家。スンナ派が多数派として地位を確立することにもっとも功績のあった思想家の1人である。ホラーサーン地方のトゥースに生まれた。早熟の天才で、

1091年に33歳でバグダードのニザーミーヤ学院の主任教授に任命された。しかし、彼は4年後に突如辞職して、スーフィー修行者として放浪の旅に出た。中東各地に旅し、マッカ巡礼を果した。生まれ故郷のトゥースに帰郷後はスーフィーの修行道場を設立して、残りの生涯をスーフィズムを研究して過ごした。

　彼の著作は、イスラーム法学、神学、哲学、護教論、神秘思想の5つの分野に分類することができる。イスラーム法学としてはシャーフィイー学派の立場にあり、神学としてはアシュアリー学派の立場に立つ。哲学研究においてはイブン・スィーナーやファーラービーの形而上学、論理学の研究を主として行った。その成果は『哲学者の意図』にみることができる。この作品はイブン・スィーナー哲学の入門にはもっともふさわしいものであるために、ラテン語に翻訳され中世ヨーロッパのスコラ哲学者たちに読まれた。このためガザーリーは、イブン・スィーナー（アヴィセンナ）哲学派の学者の1人であると誤解されていたが、彼の哲学研究はイブン・スィーナーの立場に反論するためになされたもので、これに続いて哲学批判の書とも言える『哲学者の自己矛盾』を書いている。彼はイスラーム神秘主義の成果を縦横に取り入れた宗教思想を構築し、晩年に大著『宗教諸学の再興』を著した。この書の中で、彼は心身両面においてムスリムが神に近づくための自己鍛錬の方法として神秘階梯を確立した。

　ガザーリーの思想は日本でも中村廣治郎らを中心によく研究されているが、全体像をつかむには『ガザーリー ── 古典スンナ派思想の完成者』（青柳かおる著、山川出版社〈世界史リブレット〉、2014年）が手頃である。

第9章

西洋中世哲学への影響

8世紀以降、イベリア半島とシチリアは諸文化混淆の地となり、神学・イスラーム法学・哲学・医学・文学・科学などのイスラーム文化が大いに発展した。同時にキリスト教文化の知の遺産もイスラームに取り入れられ、相互の文化交流が展開された。大モスクの近くにクルアーン学校やマドラサと呼ばれる高等教育機関が建設されたが、キリスト教側の修道院にも研究教育機関が設立された。9世紀から10世紀には、イスラーム文化のほうが当時のキリスト教文化をはるかに凌駕していたが、13世紀から14世紀には、イスラーム文化を取り込んだキリスト教文化が急速に発展してきたのである。(シチリアについては第5章6を参照)

世界最古の大学 ── イスラームの2大学

ギリシア科学をイスラーム世界に導入する貴重な役割を果たした、トルコ南東部の寒村ハッラーンは今日「世界最古の大学」と呼ばれているが、ハッラーンがどのような教育機関を設置していたのかは、いまでもわかっていない。現実に存在したイスラーム世界で最古の大学は、859年に設立されたモロッコ、フェズのカラウイーイーン大学と、それに続いて978年にカイロに設置されたアズハル大学だと言われている。学者の中にはこの創立年代について疑問視する者もいるが、UNESCOとギネス世界記録によって、カラウイーイーン大学は世界最古の大学であると認定されている。またイスラーム世界には一般に各地のモスク付属の教育機関としてマドラサ(madrasah)と呼ばれる学校が多数存在した。

マドラサは規模も教育水準も様々であったが、おもにイスラームの宗教法や伝承学、神学、アラビア語学などを学ぶ高等教育施設であった。マドラサの多くは寄宿制の学校で、入学できるのは男子学生のみであり、卒業生たちの多くはイスラーム法学者（ウラマー）として社会の中で活躍した。

　今日、カラウイーイーン大学とアズハル大学は、ともに新教育体制に組み込まれて、男女共学の総合大学として健在である。特にアズハル大学は今日もスンナ派イスラームの最高学府とされ、ムスリムでなければ入学できない。なお、一説では、ゼミやサークル、入学・卒業式のガウン着用など、現代の大学生活に必要なシステムなどの用語や慣習は、イスラームの大学やマドラサの伝統から受け継がれたものだとされている。

現在のアズハル・モスクでの勉強会。師を囲んで輪になって学ぶ。大学のサークルの元になった光景である。

1.　イスラームとの出会い

　イベリア半島で、イスラーム科学を最初に学んだキリスト教徒はオーリャックのジェルヴェール（946-1003、後に教皇シルヴェスター2世、在位999-1003）で、カタルーニャで3年間を過ごした際に、数学や天文学などのイスラーム科学を学んだと言われている。彼は天体観測儀を作らせ、またアラビア数字を使って計算器

も作成したが、当時はアラビア数字の実用化はなかなか認められなかったといわれる。ついで、トレド大司教のライムンドゥス（在位1125–51）がアラビア語文献のラテン語訳事業を推進して広めたことによって、イスラーム文化の浸透はさらに進んだ。カスティーリャを治めたキリスト教徒のアルフォンソ10世がアラビア語からカスティーリャ語への翻訳を勧めたこともあって、アラブ文化の吸収と展開が一層、強化された。

カスティーリャ王アルフォンソ10世 (在位1252–84)

　学芸を保護・奨励したために「賢王」と呼ばれる。アラビア語文献の翻訳活動を指導・後援したことでも知られる。翻訳者はユダヤ人が多く、ラテン語ではなくロマンス語（スペイン語、カスティーリャ語）に訳されたのが特徴的で、そのため翻訳文献の流布はカスティーリャ国内にほぼ限られた。アルフォンソ個人の関心を反映して天文学・占星術関係の文献の翻訳が多かった。翻訳以外にも天体観測の結果に基づく『アルフォンソ10世天体表』などの天文学関係の書物が作られた。そのほかに多くの学者を統率・指導して『七部法典』などの法書、『第一総合年代記』などの史書を作らせ、自らも聖母マリアの奇蹟を歌った『サンタ・マリア頌歌集』という詩作品を著した。

　イスラーム文化の影響を最初に西洋にもたらしたとされるのは、バースのアデラード（1142年没）であるとされる。彼はアラビア語の翻訳家として、占星術の入門書やフワーリズミーの『天文表』、エウクレイデス（ユークリッド）のようなギリシア数学のテキストなどをラテン語に翻訳した。しかし、彼自身はそれほどアラビア語の知識は持っておらず、協力者と一緒にアラビア語を単純にラテン語に置き換えるだけであったともいわれる。しかし、

アデラードの功績によって、アラブ人たちを「理性の人」と見なす伝統が出来上がり、その後200年間ほどは、ヨーロッパ人がアラブ人たちから学ぶ知識によってキリスト教思想が強化された。

その後、トレドの学者たちは、ギリシア語からアラビア語に翻訳されていた哲学文献の主要なものを、次々とラテン語に移し替えることができ、それによって知識を発展させ、政治的だけでなく、学問的にもイスラームの支配を超えることができるようになった。

クレモナのゲラルドゥス（ジェラルド）（1114-87）

イタリア人のゲラルドゥスは1167年にトレドにやってきて、ユダヤ人やモサラベ（イスラーム支配下のキリスト教徒）の助力を得て、71冊のアラビア語の著作を翻訳したが、その中には、エウクレイデスの数学と占星術、イブン・スィーナーの『医学典範』、ザフラーウィーの『医学の方法』などの医学書、アリストテレスの『自然学』、アル＝キンディーやファーラービーの哲学書なども含まれていた。これらの多くは失われたが、ヨーロッパの学者へ与えた影響は大きい。

2. 初めてのラテン語訳クルアーン
── 不正確な翻訳

トレドは712年から1085年まで、ほぼ400年間もムスリムの支配下にあった。そのために、キリスト教徒の支配下に移った後も、アラビア語からラテン語訳の翻訳事業の中心地でもあり、西洋各地からアラビア語を学び、ムスリムの学問を習得するために、多くの学者たちが集まってきていた。

フランスのクリュニー修道院の院長ペトルス・ウェネラピリス

（1094–1156、ヴェネラビリスとも、別名は尊者ペトルス）によって、クルアーンの最初のラテン語訳が完成した。ペトルス・ウェネラビリスは十字軍運動を批判し、「私は（…）武力があなた方（ムスリム）を攻撃するのではなく、言葉を用い、暴力ではなく理性によって、憎悪ではなく愛によってそれを行うのである」と主張して、イスラームに関する情報を収集した。彼の本来の意図はイスラームとの知的対決によってキリスト教の信仰を弁護するものであった。

　ペトルス・ウェネラビリスは、修道院長としての地位を利用して、アラビア語に習熟した学者たちを集め、イングランド人のケットンのロベルトゥス（ケットンのロバート）を翻訳グループに引き入れた。そしてムスリムの研究者をロベルトゥスの助手に選び、クルアーンの内容をできるだけ忠実に反映させた翻訳を完成させようとした。

　しかし、ロベルトゥスはかなりの部分に自由に手を加え、新しい章を付け加えて、本来の114章ではなく123章に構成している。形式だけでなく言葉についても、正確に訳すことよりも、西洋人が理解しやすいように意訳した箇所が多い。言葉の意味だけでなく、誤読や意図的な誇張も各所に見られ、ムスリムを誹謗するような翻訳も行っている。

　1143年7月に完成したラテン語訳クルアーンは、ある意味では、クルアーンが神の言葉であることを明らかにしていた。しかし、たとえば、クルアーンの記述で「さまざまな欲望の追及は、人間の目には美しく見える。婦女（妻）、子供、莫大な金銀財宝（…）これらは現世の生活の楽しみである」（3章14節）と書かれている箇所を、「女性との性交、及び子供を抱擁すること（…）」

と訳している点など、多くの誤訳・誤解・欠陥がみられた。それ
でも、この翻訳は、世界で最初のラテン語訳クルアーンとして、
ペトルス・ウェネラビリスの功績と考えられている。このクル
アーンは、1698年にイタリア人によってより正確な翻訳が行われ
るまで、550年間もヨーロッパ人にとって唯一の翻訳であった。

クリュニー修道院

　現在のフランス・ブルゴーニュ地方のソーヌ・エ・ロワール県のク
リュニーに909年9月11日（910年とする説も）、アキテーヌ公ギ
ヨーム1世により創建されフランス革命まで存続したベネディクト会
修道院。厳格な「聖ベネディクト会則」の遵守を定め、中世にクリュ
ニー改革とよばれる修道会改革運動の中心となった。927年から1156
年がその最盛期にあたり、5人のきわめて高名で影響力のある修道院長
を輩出した。その最後にあたるのがペトルス・ウェネラビリスである。
今日、ブルゴーニュの赤ワインの高級品として著名なロマネ・コンティ
の畑は、クリュニー会派の修道院が開墾したのがはじまりであり、16
世紀まで同修道院の所有であった。

3. ラテン・アヴィセンナ主義とラテン・アヴェロエ
ス主義

　クルアーンのラテン語訳が世に出る少し前、セゴビアの副司
教であったグンディサウルス（ドミンゴ・ゴンザレス）は、ヒスパ
ニアのヨハネスと呼ばれるユダヤ人翻訳家とともに1130年から
1180年までトレドで翻訳に従事したが、晩年にはみずからアラ
ビア語を習得して、アヴィセンナ（イブン・スィーナー）の『形而
上学』を単独で翻訳するまでに至っていた。彼は、ファーラー

ビー、アル＝キンディー、ガザーリーなどの多岐にわたるアラビア語の哲学文献をラテン語に翻訳した。グンディサウルスの翻訳事業の進展によって、アヴィセンナの解釈によるアリストテレスの著作が出回るようになった。

これまで見てきたように、中世のヨーロッパの学問は、「ギリシアからイスラーム世界へ」ともたらされた学問が、キリスト教の思想と最初の巨大な融合を起こしたことに始まる。その「融合反応」をヨーロッパの大学の教育の中にみていこう。

早くも1096年に前身の教育機関が設置されたオックスフォード大学と1200年に創立されたパリ大学は、個々に存在していた教会付属の研究機関を統合して、教会に奉仕する聖職者を教育するための大学として建設された。中世に今日まで続く総合大学が建設された要因は、キリスト教会がスペインやイスラーム世界の各地に設置されたモスク付属学校に、中でもフェズのカラウイーイーン大学、カイロのアズハル大学など、世界最古級といわれる大学の発展に触発されたためともいわれる。

ヨーロッパの大学には、一般には4学部があり、教養学部、法学部、医学部、神学部がおかれていたが、教養学部は全員が必須科目として受講していた。そこでは、自由学芸学、つまりリベラルアーツ（算術、幾何学、音楽、天文学の「4科」と文法学・修辞学・論理学の「3科」）が教えられていた。パリ大学は、もともと大聖堂の周りにあったノートル・ダム修道院等の小さな教会学校が元になっているため、教会の権力が色濃く表われた大学となり、神学やそれを支えるリベラルアーツが発達した。そのために学生の多くは修道士であった。

前章でみたように12世紀初頭には、アリストテレスの著書が

イタリアの大学

　ヨーロッパでは大学は、まず11–13世紀のイタリアから生まれてイングランドやフランスに伝わった。イタリアのサレルノで11世紀にイスラーム文明の影響をうけて発展していた医学校が1231年にシチリア王フリードリヒ2世によって公認され、正式にサレルノ大学となった。すでに10世紀には活動していた医学校時代を含むと、ヨーロッパで最古の大学の一つとされる。

　1119年には、ボローニャ大学が学生団体によって自主大学として設置され、法学中心の大学となった。当時、豊かな自治都市が発達していたイタリアでは、ヨーロッパ各地から法学の勉強を希望する学生が集まってきており、学生たちが団体組織を形成して教授を雇用し、大学を運営することで、ボローニャ大学が自然発生的に建設されることになった。大学が学生組織として創設されることは当時でも今日でも、珍しいことである。ボローニャ大学は世界初の大学といわれることもあるが、それではイスラーム世界の大学の存在を無視していることになる。

イギリスとフランスの大学で大々的に研究されていた。これらのアリストテレスの著作は、アヴィセンナの注釈『形而上学』を通して学ばれていたので、ラテン・アヴィセンナ主義と呼ばれることになった。また、アリストテレスの科学についての教育も重要視された。この間、1210年にアリストテレスの自然学とその注解は異教的だとされて大学で講読することが禁止されたが、アヴィセンナの注釈によるアリストテレスの研究は個人的には継続されていた。アヴィセンナは「神は万物の根源で、神が世界の存在を支えている」と考えており、アリストテレスよりも宗教的な主張をしていたからである。

　1225年ごろになると、今度はアヴェロエスの説を反映した多

くの著作が書かれるようになった。ロジャー・ベーコン（1214-94）は、1240 年から 1247 年までパリ大学の自由学芸学部で広くアリストテレスを講義した。1270 年代までに、アリストテレスの著作はより正確な翻訳によって研究されるようになったものの、14 世紀まで学者たちは、アヴィセンナとアヴェロエスからアリストテレスを学んでいた。アヴェロエスの見解はアリストテレスの主張に従って世界の永遠性を主張しており、教会から異端視されたが、それでもなお大学では重要視された。これをラテン・アヴェロエス主義という。

　アヴィセンナとアヴェロエスの立場の違いを簡単に説明することは難しいが、アヴィセンナは一神教の伝統に従って「世界は神の創造による」と主張しており、アヴェロエスは逆にギリシア哲学の基本に従って宇宙の永遠性を主張して、「宇宙は始まりを持たない」と主張した。キリスト教にとってもイスラームにとっても、宗教的原理からみて、アヴェロエスの説の方に危険性があることは明らかである（スコラ哲学への影響については、次章で説明する）。

4.　ラテン・アヴェロエス主義の禁止令

　ラテン・アヴェロエス主義は、要約すれば、ギリシア哲学の影響下で「世界は永遠であり、可能知性は一つである」というもので、すべての人間の知性はある単一の知性から受け継ぐという意味があった。旧約聖書に記載されたような「世界は神によって無から創造された」こと、つまり世界には始まりと終わりがあるという説が否定された。この主張によれば、人間個々人の知性がなくなり、天国での神の恩寵、つまり信仰によって得られる来世で

の「永遠の命」という重要な思想がなくなってしまうとして、ラテン・アヴェロエス主義はキリスト教会から批判されたのである。

1270年2月にパリの司教はアヴェロエスの説を誤謬として異端宣告を下して、大学で教授することを禁止したが、パリ大学学芸学部の教授、ブラバンのシゲルス（シジェ・ドゥ・ブラバン）はアヴェロエス主義によるアリストテレスの解釈に固執し、理性的な議論においては、哲学的に正しいことが宗教的に正しくないこともあるという「二重真理説」を説いたとされ、トマス・アクィナスと対立した。

トマス・アクィナスはイスラームを批判するために『対異教大全』を著していたが、さらに教皇の指示により『神学大全』を著して、アラブ人の注釈を排除した正しいアリストテレス主義を標榜した。しかし、トマスのイスラームに関する知識は、当時のヨーロッパの知識世界で一般的に知られていた伝承にすぎず、初歩的知識の域を出なかった。彼は当時、すでに出版されていたラテン語訳のクルアーンさえも読んではいなかったのである（『キリスト教とイスラーム、対話への歩み』L. ハーゲマン著、73–75頁）。

パリの司教は1277年にも教皇の命令によってパリ大学とオックスフォード大学内の異端説を調査し、アリストテレスに基づく哲学と神学における誤謬について、再び異端宣告を発した。シゲルスは「信仰が哲学思想などと対立している場合には、自分は信仰に従う」と主張したが、大学から追放され、元の従者に刺殺されたとも、自殺したとも言われる。しかし、シゲルスが、アヴェロエスが注釈したアリストテレスの説に固執しなければ、トマス・アクィナスの大書『神学大全』は生まれなかった。さらに、1277年のこの異端宣告の中には、皮肉なことに3年前の1274

年に死去したトマス・アクィナス自身の学説も含まれていた。

　一方のオックスフォード大学は、パリで何度も発令されたアヴェロエスの思想に対する禁令にも動ずることはなく、この時代にも多くの翻訳家を輩出している。最初のクルアーン翻訳を行ったケットンのロベルトゥスをはじめ、ロバート・グローステスト（オックスフォード大学の実質的な創始者で総長）、マイケル・スコットなど、12世紀末から13世紀初めにかけて、オックスフォード大学関係者によって次々と翻訳と研究が行われていた。16世紀にはアラビア語文献も収集され、17世紀にはアラブ思想研究講座も設置されることになった。オックスフォード大学でのアラブ思想講座は、今日まで世界で最も高度なイスラーム思想研究の拠点の一つになっている。

　1277年以降、パリ大学でのアリストテレス主義が終わり、キリスト教的な神の絶対性が強調されるようになり、キリスト教の教義に基づいて信仰と理性の問題を扱う、いわゆるスコラ哲学が中心となっていった。

中世の修道院の役割

　中世のヨーロッパでは、学問研究に従事できるのは、修道院の「学問僧」に限られていた。アヴィセンナやアヴェロエスの影響を考えると、東方のアラビアからもたらされた書物は、学問僧にとっては、非常に貴重なものであったことが理解される。ウンベルト・エーコ著『薔薇の名前』には、山奥の格式の高い修道院の書庫にアラビア語で記されたアリストテレスの秘密の書物があり、それを読もうとする学問僧同士の争いから起こる殺人事件が描かれているが、その犯罪の構図は『千夜一夜』の第3−9話にある話「イウナン王の大臣と医師ルイアンの物語」から採られている。しかし、和訳者も評者も、千夜一夜に言及している者はいない。

（1）ロジャー・ベーコン（1214-94）

　ベーコンはオックスフォード大学の教授となり、アリストテレスの著作について講義した後、1233年ごろ、当時のヨーロッパの最高学府であったパリ大学へ赴いて学んだ。ベーコンの授業では、科学的知識を重んじて実験や観察を行うことに特徴があった。ベーコンの学問はイスラーム圏の科学者たちの著作（いわゆるイスラーム科学）に由来するものが多かった。このことがベーコンに当時のヨーロッパの学問における問題点を気づかせることになった。教皇クレメンス4世は、ベーコンに対し禁令を無視してでも秘密裏に著述をするよう求め、ベーコンはこれを受けて1267年に教皇に『大著作』を送った。次に『大著作』をまとめた『小著作』が続けて書かれた。1268年には早くも続く著書『第三著作』が教皇に送られたが、教皇は同年死去した。教皇の保護を失ったベーコンは1278年にフランシスコ会（1209年にアッシジのフランチェスコによって創立された修道会）の内部で断罪され、アラブ思想を広めた疑いで投獄された。幽閉は10年におよんだが、同郷のイギリス貴族たちがベーコンの解放を求めたため、釈放された。

（2）トマス・アクィナス（1225年頃-74年）

　トマスは5歳で修道院にあずけられ、シチリア王フリードリヒ2世が創立したナポリ大学を出ると両親の反対を押し切ってドミニコ会に入会した。ドミニコ会は当時、フランシスコ会と共に中世初期の教会制度への挑戦ともいえる新機軸を打ち出した修道会であった。大学の後、トマスはケルンに学び、そこで1244年ごろ生涯の師とあおいだアルベルトゥス・マグヌスと出会った。

1245 年にはアルベルトゥスと共にパリ大学に赴き、3 年間を同地ですごし、1248 年に再び 2 人でドイツのケルンへ戻った。アルベルトゥスの思考法・学問のスタイルはトマスに大きな影響を与え、トマスがアリストテレスの手法を神学に導入するきっかけとなった。

トマスは 1252 年に苦労の末にパリ大学から学位を取得し、パリ大学神学部教授となった。1265 年ごろから死去する 1274 年まで『神学大全』の執筆に取り掛かり、その間、教皇ウルバヌス 4 世の願いによってローマで暮らすことになったが、1269 年再びパリ大学神学部教授になり、ラテン・アヴェロエス主義派や、アウグスティヌス主義派と論争を繰り広げる。1272 年のフィレンツェの教会会議において、トマスは、ローマ管区内の任意の場所に神学大学を設立するように求められ、温暖な故郷ナポリを選び、著作に専念して思想の集大成に努めた。

パリでのトマス・アクィナスは、アヴェロエス主義によるアリストテレスの解釈に固執した異端的な学者、ブラバンのシゲルスと激しく対立した。今日でもシゲルスは悪人扱いされることが多いが、トマスの思想はアリストテレスの方法論を駆使して、シゲルスを論駁する目的で発展したものであり、シゲルスという論敵がいなければ、またイスラーム哲学に由来するアリストテレスの哲学が学ばれることがなければ、『神学大全』は生まれなかったかもしれない。

スコラ哲学成立の理由

　ヨーロッパのスコラ哲学がイスラーム哲学の影響のもとに成立したことについて、比較宗教学の碩学ウィルフレッド・キャントウェル・スミスは、神観念の歴史に関する解説の中で、以下のように説明している。

　　（…）一つだけ簡単な例を挙げよう。中世の神学である。その例で
　　いうと、キリスト教のスコラ哲学は、その重要な部分において、そ
　　の淵源となったイスラームのスコラ哲学を含めた歴史的背景の故に、
　　そのあり様を形成してきたのである。聖トマス・アクィナスのよう
　　な強力でかつ重要な人物が自己のヴィジョンを実際に陳述し、神に
　　ついての自己の観念を表現したが、その様式は、今日では専門の人
　　にはわかっているように、イブン＝アキール、ガザーリー、イブン
　　＝ルシュド（アヴェロエス）などの人々の思想や表現を背景にすれ
　　ば、よりよくかつより正確に理解できるようなものである。（『世界
　　神学をめざして』W. C. スミス著、29–30頁）

　こうしてスミスによれば、中世のスコラ哲学がイスラーム世界で生まれたことは、中世のスペインでイスラームとユダヤ教やキリスト教との三宗教の出会いが実現していたことを証明していることになる。

第10章

イスラーム芸術の世界
── アラベスクと建築

　イスラームは世界で最も厳格な一神教を奉じ、偶像崇拝を徹底的に排除するが、ここにも多岐にわたる優れた宗教芸術が存在する。イスラーム芸術は厳しい制約を効果的に生かして、独自の美の世界を築き上げてきた。そして、この独特の美は世界の他の宗教芸術に大きな影響を与え、とくにキリスト教の教会建築や会堂装飾、広大な庭園美術に取り入れられている。

イスラーム芸術の典型、イスファハーン（イラン）のイマーム・モスク（1638年建立）

1．イスラームと芸術

　今日見られるようなイスラーム芸術は、大征服の結果、帝国内に組み込まれた各地域の伝統を取り入れて、それをさらに高度に発展させたものである。イスラーム芸術はイスラーム文明の一部

であり、融合的な文化である。イスラームがマッカという商業都市に生まれたために、宗教教義にも商業的な要素が多く取りこまれているが、イスラーム芸術もまた商業文化を背景にして生まれ、都市の商人や知識階級の保護によって都市的文明の中で発展した。芸術の母体となった地域はササン朝ペルシアやビザンツ帝国であるが、インドや中国の伝統も入り込み、さらに古代ギリシアやヘレニズムの影響も貪欲に吸収されたと考えられる。たとえば、モザイク・タイルの製作にはビザンツの細工人が招かれているし、動物闘争紋や聖樹（生命の木）の模様などにはヘレニズムの影響が見られ、藍色の釉薬がかかった陶磁器には中国の伝統が生きている。

　芸術の表現方法は、イスラーム初期にはかなりの多様性が見られたが、アッバース朝（750年成立）以降は偶像崇拝に抵触しないように、とくに絵画に対して厳しい規制がかけられた。その結果、一定の形式が決められ統一的な性格をもったものになった。とくに造形芸術は偶像崇拝につながるとして忌避されたが、その判断は法学派や法学者によってさまざまである。一般に宗教的な施設や書物には偶像崇拝に通じかねない絵画的表現は禁止されたが、王宮、邸宅、公衆浴場などの世俗的な場では比較的自由に製作された。特に初期のウマイヤ朝時代にはそれまでシリアで流行していた壁画が採用され、具体的な人物像なども描かれた。踏みつけたり尻に敷いたりする絨毯やクッション、また極めて卑近な場とされる浴場の壁画などには女性の裸体像まで描かれている。しかし、どの時代を通じても彫刻で人物像が作られることはなかった。

　一方、シーア派ではイマーム信仰（メシア崇拝）が行われたために、イマームの顔や姿が描かれることもあり、またペルシアの細

密画などでは人物画も描かれた。一般には、預言者ムハンマドを描く際はその顔を描かなかったり、巨大な炎や煙を描いて、預言者の存在を示唆したりという方法が採られている。時代が下ってオスマン帝国に入ると、洗練された複雑な表現が用いられるようになり、美術的にも高度のものが多い。現代まで残っているものでは、やはりこのオスマン期のものにきわめて優れた表現が見られる。

2.　アラビア書道

　ここでいう「書道」とは聖典クルアーンの章句を書き写すことであり、いわば「写経」を意味する。そのために、書道には宗教的な意味が付与され特別な地位と栄誉とを与えられた。クルアーンはアラビア語の韻を踏んだ優れた散文詩の形式を持ち、翻訳すればその音韻の美しさは失われる。それゆえに、聖典はまさに言葉の芸術の集大成であり、奇跡の言葉とも言われるのである。したがってアラビア書道は神の奇跡を書き写すこととなり、高度な芸術であると同時に、いわば「写経」として信者の篤信的行為となった。時代、場所を問わず今日まで、全世界のムスリムによって続けられ、イスラーム世界で唯一の伝統芸術となった。

シャイフ・ルトフッラー・モスクの礼拝の方角キブラを示すくぼみ、ミフラーブの装飾。青いタイルで精密なアラベスク文様と両側にクルアーンの章句を書いた文字装飾の組み合わせが見事。

アラビア書道家として世界的に高名な本田孝一氏（大東文化大学教授）の作品のひとつ。（本田孝一氏許諾）

　書道は信仰的で崇高な修行とみなされたために、書家も尊敬の対象になった。他の芸術と異なって、書のおもてや写本の背表紙には書家の銘が見られる。さらに高名な書家はその生い立ち、修業課程、書式などの伝記さえも伝わっている。一般に芸術家や工人は地位が低いものと考えられ、高位の者が工芸を行うことはなかったが、書道だけはカリフ、国王（スルターン、シャー）などの支配者もたしなみ、優れた作品が伝わっている。

　書体は角張ったクーフィー体とそれ以外の草書にあたる書体と区別され、六書体が完成された。社会全体で書を重んじたために、書に対する敬意はクルアーンの写経だけでなく、科学書、医学書、歴史書、文学書など、「文字」で書かれたもの全てに及んだ。その結果、書物（写本）の製作に関連する事業、紙、インク、顔料、ペンなどの材料、製本業、装丁、装飾などが発展した。写本の製作には時間と費用がかかったが、どの時代でも為政者がそれを支援してきた。今日にいたるまで、書道は書物としてだけでな

く、メタル細工、陶磁器、タイル、ガラス、刺繍など広範囲に用いられ、さまざまな装飾として重宝されている。

イスラーム世界で唯一の共通の伝統文化とも言える「書道」は、いまや世界中で愛好者が増えつつあるようだ。わが国でもカルチャースクールなどでアラビア書道のクラスが開かれており、作品展なども開催されている。

3. アラベスク

「アラベスク」はイタリア語で「アラブ風」という意味のアラベスコから来た言葉であり、ヨーロッパ人が「アラブ風装飾」を呼んだ用語である。狭義には植物文様だけを指すが、広義には動植物文様、幾何学文様、文字装飾を組み合わせて作られる装飾技法の総称であり、イスラーム美術の特徴をよく表現する言葉である。

アラベスクは一定の形式に則った技法として成長してきた。古代オリエントや地中海世界、ビザンツの植物文様（ぶどう、柘榴、ハスなど）が、イスラーム世界で幾何学文様の手法を用いて、定型化、抽象化、図式化などが行われた結果、独特のアラベスクが成立したと考えられる。

このようなイスラームの装飾文様は、宗教的施設での絵画的表現が著しく制限されたために、かえって独自の発達が促されたといわれる。つまり、自然界にある形や姿をもとにして、写実的に表現することができないために、植物や動物を抽象的なパターンとして用い、そのパターンを無限に増殖させ繰り返すことによって、本来写実的な方法によっては表現することのできない超越的

な「神の世界」が、逆に生き生きと表象されることになったのである。とくにイランのモスクでは、壁や天井に広がるスタラクタイト（ムカルナス）と呼ばれる鍾乳洞のようなこまかなアーチ曲線のくぼみ一つ一つに、色彩豊かなアラベスクが施されている。スタラクタイトのある壁面の前やドームの下に佇むと、細かな窪みの文様が次々と目に入ってきて重なり合い、まるで体が吸い込まれるような錯覚を覚える。スタラクタイトの多くは統一されたデザインで作成されているが、同じ文様はふたつとない。このようなアラベスク文様は、宗教的施設以外の場所にも、王宮や豪商の住居でも、タイル・モザイクや漆喰の浮き彫りなどに施されて、立体的で幽玄な雰囲気を醸し出して、高度な技巧が凝らされているのがわかる。

　平面的な装飾としてのアラベスクは、イスラーム建築という独特の立体造形芸術の中に生かされて、アラベスクとしての本領を発揮することになったのである。

　モスク建築に見られる特徴的なイスラーム建築とアラベスク装飾は、ヨーロッパのキリスト教の教会建築、豪華な宮殿建築、広大な庭園のデザインなどに大きな影響を与えたと言われる。特に巨大なドームや高い尖塔の建設技術、中庭に池を配した左右対称の庭園、堂内を彩るステンドグラスなどの装飾にイスラーム美術の影響が見られるが、イスラーム芸術のヨーロッパへの伝播についての詳細な研究は今後に待ちたい。

書道の一例。クルアーンの装飾されたページ。14世紀初めのイランで作成。金を多用し、植物文様の装飾を入れている。

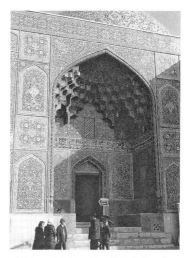

イラン、ルトフッラーのモスク。くぼんだ部分の天井にスタラクタイトが見られる。

オスマン帝国の反映を今に示すトプカピ宮殿のハーレムの間。ステンドグラスやタイル装飾を使って、中央に文字装飾、上下に幾何学文様が広がっている。

4. 幾何学文様

　幾何学文様はアラベスクの基本的なパターンとして知られるが、本来は写本の装飾技法として発展し、多くはクルアーンの写本を飾る縁取りとして用いられた。月と星のモチーフが多用されるのはアッバース朝期に天文学が発達したからだとも言われる。丸、三角、多角形、星型、螺旋形などを繰り返す技法で、デザインとしては単調であり、コンパスと定規があれば簡単に描くことができる。

　文様は平面的、無機的、抽象的であり、どちらかと言うと近代的な感覚さえ漂う。装飾すべき枠内の余白を残さずに埋め尽くし、複雑に絡み合いながら、同一のリズムを繰り返す。同じ旋律を繰り返すことによって、何層にも連なる世界が出現する。その結果、平面的な技法でありながら、無限に連続する永遠の超現実的な、幽玄な世界が創出され、逆に立体的な小宇宙（ミクロコスモス）が広がるように見える。たとえば、ひとつのタイルに小さな世界が創出され、それを幾重にも並べることによって複雑な世界を作り上げる。幾何学文様の一つ一つのパターンは単純なものであっても、繰り返し連続する文様を目で追っていると、宇宙の奥に吸い込まれそうな錯覚を覚える。

　なお、幾何学文様は現代のコプト教会（キリスト教東方教会の一派）の扉や説教壇の装飾にも用いられている。アラビア文字の書道や植物文様などと違ってイスラーム的な印象が薄く、広く中東一帯で用いられていたからかと考えられる。

第11章

十字軍の歴史とレコンキスタ

　中世のキリスト教では、戦争や政治から大きく距離を置いていた初期の教義と対立する「正義の戦争」の概念が展開されるようになった。その先駆けとなったのはアウグスティヌス（354–430、古代末期最大の教父で、現在のアルジェリアのスーク・アラスに生まれた）である。アウグスティヌスは『新約聖書』の「ルカによる福音書」14章23節「街道や垣根のところに出かけて行って、この家がいっぱいになるように、無理にでも人々を連れて来なさい」を根拠として、異端者に対する戦争を正当化した。その後、「無理にでも」という言葉が、教会による暴力行為を容認することになった。

1.　聖戦はキリスト教の思想

　キリスト教では時代が進むにつれて、徹底して非暴力を説き「あなたの敵を愛し、敵のために祈りなさい」とまで教えたイエス・キリストの説教は省みられなくなり、「神が望めば」神の意志に基づく戦争が正当化されるという「聖戦思想」が定着していった。キリスト教がローマ帝国の国教として採用（392年）されて以降、教皇も宣教の拡大のための有効な手段とみなして戦争を容認し、キリスト教世界には戦争が止むことはなかった。アウグスティヌスの正戦の思想は、その後、13世紀にトマス・アクィ

ナスに受け継がれたが、トマスによって一定の倫理的規程を満た
せば、戦争が正当化されるという基準さえも提示された。

正戦と聖戦

　キリスト教の「聖戦思想」は、もともとユダヤ教から受け継いだ聖戦
思想を展開したものであり、旧約聖書の思想でもあった。キリスト教も
また、イエスが命をかけて排除した伝統的な「イスラエル」の聖戦を再
現させ、公式教理の中に植えつけたのである。

　「正戦」（just war）とは、それぞれの宗教教義から見て、社会の平和と
秩序に寄与するもので、例えば侵略戦争から市民を守るといった条件の
付いた防衛戦争を正しい戦争として容認したものである。初期のキリス
ト教では、「正戦」はアウグスティヌスの立場を根拠としている。

　一方の「聖戦」（holy war）は、神の命令として執行される戦役をさし、
積極的な戦争を指す。ここには「神の意志」があるとされ、神の名にお
いて実行される。ユダヤ教・キリスト教、イスラームの一神教世界にお
いては、全知全能の神の意志は絶対的であり、それに服従することが信
徒の義務でもある。このような暴力に参加することは神の道への邁進と
考えられるので、死者は殉教者として尊ばれ聖者として祀られるからで
ある。キリスト教における「聖戦」は11世紀の教皇グレゴリウス7世
において、教皇権の中に聖戦権が加えられ、のちの十字軍運動の基盤と
なった。

　キリスト教世界では、フランク王国のカール大帝（シャルルマー
ニュ、742-814、在位768-814）の時代には、ピレネー山脈両側のム
スリムだけでなく、中央ヨーロッパのゲルマン人とスラブ人に対
する軍事行動も正戦と考えられていた。カール大帝は800年に
は、教皇レオ3世からローマ皇帝としての冠を授けられている。
778年には、後ウマイヤ朝への服従を拒むムスリム地方君主の援

助要請に応じて、ムスリム支配下のアンダルスへ侵攻し、サラゴサを包囲攻撃している。その遠征の帰路、彼の後衛部隊はピレネー山脈のロンスヴォー峠でバスク人に奇襲攻撃され、大きな損失をこうむったが、それをもとに後世に作られたのが、イスラーム軍と勇敢に戦う騎士の物語『ローランの歌』という武勲詩である。

武勲詩『ローランの歌』

『ローランの歌』は、カール大帝（シャルルマーニュ）の甥であるローランを称える、フランスで最古級の武勲詩である。ノルマンディ地方で用いられたアングロ・ノルマン方言の、古フランス語を用いて書かれている。レコンキスタの初期の戦いともいえる、カール大帝率いるフランク王国と、イベリア半島のサラゴサを支配するムスリムの王マルシルとの戦いを描いた叙事詩になっている。成立年は11世紀末ごろで、現存する最も古いものは、1170年ごろに書かれたオックスフォード写本である。あらすじは、カール大帝がスペインに侵攻し、ムスリム軍を追い詰めた際、奸臣ガヌロンが裏切ったことにより、右腕となるローランと、その親友オリヴィエが戦死するという悲劇的な物語である。史実では攻撃してきたのはムスリムではなくバスク人であるが、武勲詩では反イスラーム精神にあふれた内容になっている。実際には何百人ものムスリムを殺戮したローランが、ここでは一転して殉教者として描写されることによって、キリスト教側の聖戦思想が涵養された。

9世紀から10世紀にかけて、「異教徒との戦争は正戦である」という理念が確立し、教皇たちは、キリスト教化していないノルマン人や、ムスリムという異教徒に対する戦争で命を失った者はすべてが永遠の命を与えられると確約した。「愛の宗教」と言われるキリスト教本来の教義に従えば、政治的な意味を持つ「教会

外」の異教徒との戦争は否定されるはずであるが、それを侵入者から教会と修道院を守るための「教会内」の防衛戦争であり、聖戦であると決め付けて、教会の側からも許可されたのである。それは防衛戦争にとどまらず、やがて攻撃的な侵略戦争へと拡大されていった。

　ヨーロッパではこの間に、異教徒との戦争に従事する役割をもった騎士階級が台頭してきた。騎士階級や豪族たちは外部へ向かう戦争が一段落すると、激化してきたヨーロッパの封建領主同士による領土争奪戦という内部抗争に向かうことになった。このような事態に対して、教会は「神の平和」という平和促進運動を展開したが、この運動の中心となったのがクリュニー修道院である。騎士階級は教会の指導の下で、「神の平和」を獲得し維持するための平和軍となり、「教会によって是認され、教会のために遂行される聖戦」に従事するようになった。

　この「神の平和」運動の定義によって、イベリア半島では1050年からムスリムから領土を回復するレコンキスタも聖戦とみなされるようになり、1096年以降の十字軍運動を招来することにつながった。この短い期間にもさまざま聖戦が行われたが、教皇グレゴリウス7世は叙任権闘争（11世紀後半から12世紀にかけて、高位の聖職者を任命する権利をめぐって、ローマ教会と皇帝や国王といった世俗の支配者との間で展開した闘争）の中で聖職者について「キリストの軍務」であるという普遍的な概念を、ローマ教皇を指す「聖ペテロ」を冠して「聖ペテロの軍務」と言い換え、それをローマ教会のために特別に徴集された騎士集団を意味する言葉として用いた。そこで、教会の戦士として徴集された騎士は、騎士叙任式によって特別な集団とみなされたのである。

こうして、教会は平和ではなく、キリスト教国を異教徒から防衛するための戦争を実施する機関として、決定的な方向転換を行った。当時、教会のおもな敵とされたのは、サラセン人（ムスリム）とノルマン人である。さらに1054年に教会が西のローマ・カトリックと東のビザンツ教会に分裂したことによって、ローマ・カトリックにおいては、教会統一の理念が東方への遠征という軍事行動の計画を促進したとも考えられる。

　キリスト教会に生じた聖戦の理念と、教会の活動に奉仕する戦士階級としての騎士集団が、十字軍思想を準備し、最終的には十字軍運動を実現させたのである。

ジハード

　「聖戦（ジハード）」はイスラームの伝統からもたらされたと安易に考えられる傾向があるが、ジハードは本来「努力」を意味する言葉であり、「奮闘努力」とも訳される。これには2つの意味があり、精神的宗教的な修行を意味する「大ジハード」と、対外的な郷土防衛戦争を指す「小ジハード」に分けられる。外敵の侵略に対抗する防衛的な「小ジハード」が全ムスリムに課せられる個人的な義務でもあったということは、ジハードが一般に理解されているような「聖戦」ではなく、むしろ合法的な「正戦」であるということを示している。しかもこの正戦が発効するためには、以下のような厳格な規定に従わなければならない。

　①　ムスリムの領土に外部から異教徒が侵攻してくる場合に限られること

　②　カリフの指揮のもと、全ムスリムが一致して参戦すること

　③　一般市民や婦女子などの非戦闘員やキリスト教の修道士や僧侶、ユダヤ教のラビなどの宗教者に危害を加えないこと

　これらの規定に加えて、あくまで宗教のためであること、戦う相手が異教徒であること、という2つの条件を満たして初めてジハードと呼

ばれる資格が生じる。つまり、ジハードとは異教徒の攻撃からの自衛に限定される戦闘行為である（『イスラーム、生と死と聖戦』中田考著、集英社新書、28頁）。

2.　十字軍

　十字軍運動は、トルコ人のイスラーム王朝であるセルジューク朝にアナトリア半島を占領されたビザンツ帝国の皇帝アレクシオス1世コムネノス（在位1081-1118）が、1095年にローマ教皇ウルバヌス2世に救援を依頼したことが発端となった。このとき、大義名分として異教徒のイスラーム国家からの聖地エルサレムの奪還を訴えたが、実際に皇帝アレクシオスが要請したのはビザンツ帝国への傭兵の提供であり、十字軍のような特定の目的をもった独自の軍団ではなかった。

セルジューク朝（1038-1194）
　10世紀後半イスラームに改宗したトルコ系のオグズ・トゥルクマーン族のセルジューク家が、王朝を建て、現在のイラン、イラク、トルクメニスタンを中心に建国し、さらにシリア、アゼルバイジャン、アフガニスタン、トルコの一部にわたる地域を支配した。アッバース朝のカリフ政権との協調をはかり、エジプトを本拠とするシーア派イスマーイール派のファーティマ朝に対抗するスンナ派政策を採った。

　しかし、ウルバヌス2世は1095年11月にクレルモンで行われた教会会議（クレルモン公会議）の終わりに、集まったフランスの騎士たちに向かってエルサレム奪回活動に参加し、中東地域で

迫害を受けているキリスト教徒の窮状を救うように呼びかけた。彼はフランス人たちに対して聖地をムスリムの手から奪回しようと呼びかけ、「乳と蜜の流れる土地カナン」という聖書由来の表現をひいて軍隊の派遣を訴えたのである。これをクレルモンの詔勅と呼び、第1回十字軍と隠者ピエールに率いられた民衆十字軍が先遣隊を務める契機となった。

　十字軍運動とは、11世紀末から13世紀末まで続いた、西ヨーロッパ諸国による地中海東岸地域に対する遠征・植民活動を指す。十字軍運動は解釈によってその回数には差異があるが、本書では通説に従って十字軍の回数を7回とする。1096年の第1回から第4回までは多くの歴史記述で共通であるが、一般には1270年のフランス国王ルイ9世の出征までを7回とすることが多い。

　回数で名付けられている主要な十字軍の他、個々の諸侯が手勢を引き連れて聖地に遠征する小規模な十字軍も多く存在した。また、巡礼で聖地に到着した騎士や兵士が現地でイスラーム勢力との戦闘に参加するのも、聖地にそのまま住みついた騎士らや、聖地で生まれ育った遠征軍の末裔らが作る十字軍国家が継続的にイスラーム諸国と戦うのも、十字軍と言われる。イスラーム支配下のエルサレムでは、キリスト教徒が迫害を受けたり、聖地への巡礼者が被害を受けることがほとんどなかったことも、十字軍が成功しなかった理由だと考えられている。

　その他、第1回十字軍時の民衆十字軍、少年十字軍、羊飼い十字軍などの大小の民間の十字軍なども起こっているが、その大部分は途中で壊滅し聖地にたどり着けなかった。その他、キリスト教の異端、カタリ派を征伐するアルビジョワ十字軍などもある。

隠者ピエールに率いられた民衆十字軍

クレルモン公会議の決定を受けてヨーロッパ各地の諸侯や騎士は遠征の準備を始めたが、十字軍の熱狂は民衆にも伝染し、1096年、本隊の出発する数か月前に、フランスで説教師のアミアンの隠者ピエールに率いられた民衆や下級騎士の軍勢4万人がエルサレムを目指して出発した。これが民衆十字軍と呼ばれるものである。民衆十字軍はまずライン川沿いの都市でユダヤ人を襲い、彼らを虐殺して物資や財宝を奪い、ハンガリー王国やビザンツ帝国内でも衝突を繰り返しながら小アジアに上陸したものの、統制の取れていない上に軍事力も弱く、ルーム・セルジューク朝のクルチ・アルスラーン1世によって蹴散らされ、多くの者は殺されるか奴隷となった。しかし指導者の隠者ピエールらごく一部は生き延び、第1回十字軍に再び参加した。

アルビジョワ十字軍（1209–29）

1209年、南フランスで盛んだったキリスト教の異端アルビ派（カタリ派とも。南フランスの都市アルビからアルビ派と呼ばれた）を征伐するために、教皇インノケンティウス3世が呼びかけた十字軍。他の十字軍と同様、宗教的理由と領土欲の両方により、主に北フランスの諸侯を中心に結成されたが、次第に領土戦争の色合いが強まり、最終的にはフランス王ルイ8世の南フランス支配に利用された。独自の文化を誇った南フランスは20年に渡る戦乱により荒廃した。

　一連の十字軍運動の端緒となる第1回十字軍（1096–99）は、セルジューク朝によるキリスト教徒住民および巡礼者への迫害がその原因であると解釈されることが多いが、それを裏づける明確な証拠はない。当初、十字軍はシリア地方の政治的混乱に乗じてエルサレムを含むシリア海岸部を征服し、のちに、エジプトに対しても遠征を行うようになった。しかしシリア内陸部を統一し

たザンギー朝第2代君主ヌール・アッディーン（在位1146–74）が
ジハードを宣言し、さらにシリア・エジプト両地方を支配したア
イユーブ朝第1代君主サラーフ・アッディーン（在位1169–93）が
1187年にエルサレムを再征服すると、十字軍の勢力は徐々に縮
小していき、1291年には最後の砦アッカー（アッコン）がマムルー
ク朝（1250–1517）の手に落ちた。こうして地中海東岸の十字軍国
家は滅亡したが、その後もキリスト教諸国によって続けられたイ
ベリア半島でのレコンキスタや、マムルーク朝・オスマン朝領に
対する軍事行動を広義の「十字軍」とみなすこともある。

　十字軍の遠征については、ヨーロッパ側とイスラーム側の双方
に十分な歴史的資料が残されているが、同時代のアラビア語史料
には「サリービーユーン（十字軍）」という言葉はほとんど見られ
ず、代わりに「フランク人」という言葉が使われていた。当時の
ムスリムにとってキリスト教徒は「啓典の民」で隣人であり、敵
とはみなしていなかったからである。また、十字軍を宗教的熱意
に基づく戦士集団というよりは、彼らを異世界からの侵略者とし
て見ていたからでもある。

　十字軍運動の200年近い期間を通じて、つねに双方が交戦状
態にあったわけではなく、実際には、十字軍時代初期のイスラー
ム君主たちは他の君主を牽制するために、また後期のアイユーブ
朝、マムルーク朝の君主たちは政治的安定のために、十字軍との
間に和議を結ぶことも多く、イタリア商人らを媒介とした経済的
交流と、それにともなう文化的交流も途切れることはなかった。

　しかし、十字軍兵士の中には、征服地に住むムスリムだけでな
くキリスト教徒やユダヤ教徒まで残虐に殺害しただけでなく、そ
れらの遺体を食糧として焼いて食べるという蛮行を行ったことも

見聞されている。本来、イスラーム治下では保護民であったキリスト教徒が、遠くから十字軍として襲ってきて略奪や虐殺を繰り返したことは、ムスリム側にキリスト教徒に対する不信感や不寛容の意識を増加させるようになり、そのトラウマは現代でも消えていない。ときおりイスラームの過激派集団が、対立する欧米とそれに参加する有志連合の国々を「十字軍」と呼ぶのは、このような歴史的経緯を踏まえてのことである。

騎士団の成立

　第1回十字軍によってイスラーム地域に建国された4つの十字軍国家では、故郷から遠く離れ、ムスリムに囲まれた最前線にあることから、常に強力な軍事力が求められた。当初はヨーロッパと同じ封建制による貴族や騎士による軍事制度が置かれたが、第1回十字軍に参加した騎士の多くが帰国するなどして、初めから軍事力は不十分なものであった。巡礼としてやってきた人々が移民としてそのまま居住するようになることは多く、1120年代からは、さらに入植者の増加が始まり、1180年代には十字軍国家におけるヨーロッパ系の人口は10万人から12万人にまで膨れ上がり、新たに入植村も建設されるようになった。

　ここで考案されたのが騎士修道会（騎士団）であり、1113年に認可された聖ヨハネ騎士団、1119年に創設されたテンプル騎士団、1199年に認可されたドイツ騎士団の三大騎士団が、実質的な常備軍としてエルサレムや十字軍国家内に駐屯した。

　現在、地中海のマルタ共和国に足跡を残すマルタ騎士団は、12世紀、十字軍時代のエルサレムで発祥した聖ヨハネ騎士団が現在まで存続したものである。1522年、当時の本拠地であったロードス島がオスマン帝国のスレイマン1世により陥落し、新たに本拠地をマルタ島に移して、マルタ騎士団と呼ばれるようになった。マルタ騎士団は現在、国土を有さないが、107か国から主権実体（sovereign entity）として承認され外交関係を認められている。

一方で、中東地域に土着した十字軍の貴族たちはイスラームの文化を少しずつ受け入れ、次第にイスラームに融和的な姿勢をとるようになっていった。これに対し、西方から新たに十字軍としてやってきた将兵はイスラームに敵対的な態度をとり、第2回十字軍のときに十字軍国家と同盟関係にあったダマスカスを攻撃するなど、現地の事情を理解せずに軍事行動を起こすことも多く、新旧の両者は十字軍内でもしばしば対立を起こしている。

サラーフ・アッディーン（サラディン、1138-93）

　エジプトのカイロを首都としたアイユーブ朝の創始者（在位 1169-93）。対十字軍戦争の英雄。ヨーロッパ世界ではサラディンの名で知られる。イラクのティクリートでクルド人の家系に生まれる。シーア派の一派、イスマーイール派のファーティマ朝のワズィール（宰相）となって事実上の支配権を握り、1169 年にスンナ派のアイユーブ朝 (-1250) を樹立した。本拠地エジプトの防御態勢の強化をはかり、対十字軍戦争のための準備を整えていった。1187 年 7 月、ヒッティーンの戦いで十字軍に大勝したのち、沿岸部の諸都市をつぎつぎと陥落させ、同年 10 月ついにエルサレムを奪回した。これを機に起った第 3 次十字軍との戦いが続いたが、92 年アッカーをめぐる攻防戦ののちに締結された停戦協定において、エルサレムを含むパレスチナの領有権を認めさせた。翌年ダマスカスで没した。サラーフッディーンは公正な博愛精神あふれた英雄として、ヨーロッパでも多くの文学作品に詠われている。シリアのダマスカス旧市街に墓がある。

3.　レコンキスタ

　イスラーム勢力は 711 年にイベリア半島に遠征して領土を獲得し、後ウマイヤ朝からナスル朝にいたる王朝を建設したが、こ

れらのイスラーム政権から、キリスト教徒が領土を奪還していく運動がレコンキスタと呼ばれ、国土回復運動ともいう。キリスト教徒は8-9世紀にイベリア半島北部に諸国家を建設し、これらは統合、合体、分離を繰返しながら南部に侵入したイスラーム勢力と戦い、領土を拡大していった。まずドゥエロ川にいたるまでの地域を10世紀初頭までに征服し、ついで1085年にトレドを陥落させて、タホ川まで進出し、1118年にはサラゴサを征服、エブロ川流域にも展開した。1212年のラス・ナバス・デ・トロサの戦いでイスラームのムワッヒド朝を破ってアンダルスに進出する契機をつかみ、グアダルキビル川流域のコルドバ（1236年）、セビーリャ（1248）を征服し、13世紀中頃にはアンダルスはほぼキリスト教勢力に征服され、イスラーム王朝側はナスル朝の領土を残すのみとなったが、首都のグラナダが1492年に陥落して、レコンキスタは完了した。

　レコンキスタの成功の要因は、当時のキリスト教世界で発生した宗教的情熱が契機となり、スペインのサンティアゴ・デ・コンポステーラへの巡礼と関連している。一方のイスラーム側は、まさに東方での十字軍の遠征時と同じように、宗教的情熱とムスリムとしての一体感が薄れており、スペインでのキリスト教徒、ユダヤ教徒、ムスリムとの共存に甘んじていたようである。

　レコンキスタ後、スペイン王権はカトリック信仰に基づく国家統一をめざし、直ちにすべてのユダヤ教徒はキリスト教に改宗して洗礼を受けるか、4か月以内に国外退去しなければならないとした。その結果、15万人から20万人のユダヤ教徒がイベリア半島を去ったと言われている。

　スペイン側は、それまでイスラームの信仰を維持してきたム

デーハル（キリスト教勢力に征服された土地でそのまま暮らしていたムスリム）に対しても、16世紀初めにキリスト教への改宗か国外退去かの二者択一を迫った。イスラームからキリスト教へ改宗したものをモリスコと呼ぶが、改宗を選択したモリスコの中には、それまでと同様にアラビア語を話し、隠れてイスラームを信仰し、アラブ風の生活習慣を守った者も多かった。

　スペインの支配者たちは、モリスコにイスラームの信仰を禁止し、アラビア語の使用やアラブ風の服装などを禁じたために、モリスコは1568年から1573年にかけて数度の反乱を起こした後、スペインから強制的に追放された。特に東部のヴァレンシアとアラゴンでは、モリスコだけでなくユダヤ教徒も、地元民の職を奪うライバルとみなされ、1609年から1614年にかけて国外へ追放された。最終的に数十万のモリスコがイベリア半島から北アフリカへと追放された。

　レコンキスタは、ムスリムだけでなく、これまで共存して社会を建設し文化を築いてきたユダヤ教徒をも追放することによって、イベリア半島から文明の担い手を失うことになった。その結果、熟練労働者が失われ、住民がほとんどいなくなった領地も見られるようになり、多くの貴族が没落した。

第 12 章

西洋の発展 —— 脱イスラーム文明

　十字軍運動は、西ヨーロッパ諸国による地中海東岸地域に対する遠征・植民活動として、11世紀末から13世紀末まで、約200年間も続いた。この運動は、熱狂的に中部ヨーロッパに拡大し、その結果として「ヨーロッパの一体感」を生じさせた。同時に、十字軍運動は聖地奪回だけではなく、イスラームそのものへの関心もふくらませた。しかし、それはあまりにもゆがめられたイスラーム像となり、「右手にクルアーン、左手に剣」といった悪意に満ちた標語が用いられるようになった。なぜなら、この運動によって、十字軍の敵としてのイスラームを描写することと、偏見に満ちた知識を基にしてイスラームを批判することが、主目的となったからである。

1.　十字軍の後遺症 —— ゆがめられたイスラーム像

　十字軍の開始より44年後の1143年7月には、スペインでは最初のクルアーンの翻訳が出来上がっていて、学者の中にはイスラームについてのある程度まで正確な知識を持っている人もいた。しかし最初の翻訳版クルアーンは、ある意味ではクルアーンが神の言葉であることを明らかにしていたが、多くの誤訳・誤解・欠陥が含まれていた。

　そのために、ヨーロッパでは護教的な立場からキリスト教と比

較して、イスラームの欺瞞性を挙げる努力が奨励されるようになった。正しい宗教であるキリスト教と異端で間違った宗教であるイスラームという二分法が流布することになった。つまり、イスラームはキリスト教の異端であり、ムハンマドは偽の救世主であるとされた。批判の対象となった問題点を挙げる。

①　イスラームはムハンマドを崇拝する偶像崇拝である

②　ムハンマドは呪術者か悪魔で、偽キリストである

③　性的放縦や乱交を認める宗教である

④　暴力と剣の宗教である

イスラームはムハンマドを崇拝する宗教であるという点については、キリスト教以上に厳格に偶像崇拝を禁止するイスラームを理解していないことになる。十字軍に従軍した当時の記録係の報告には、「エルサレムにはムハンマドの汚らわしい偶像があり、人々が奇妙な儀礼でそれを礼拝している」という記述もある。実際にエルサレムまで行きながら虚偽の報告をすることで、イスラームへの偏見が助長された。

ヨーロッパに流布した「イスラーム像」はキリスト教と対比して批判されたものであるが、聖書の中でも呪術者や悪魔は殺されるか放逐されるべき対象とされているので、ムハンマドも追放されるべき存在であり、神の言葉を授かったと主張することは、神の言葉「ロゴス」とされるイエスに対抗するものであり、偽キリストであるとされる。

「性的放縦や乱交を認める宗教である」というのは、預言者ムハンマドの多妻や4人妻の教えについての非難であるとともに、最初の翻訳の誤訳に負うところも多い。しかし、創始者のムハンマドが多くの妻を持っていたことも、独身を保ったイエスとの比

較において、「宗教家」にあるまじき淫行であるとして批判された。日常生活を重要視するイスラームと、独身を守り修道院にはいることを至上の宗教生活とするキリスト教との差異に基づく批判でもある。

　「暴力と剣の宗教である」という点は、イスラームが発祥後、瞬く間にアジア・アフリカからイベリア半島にまで展開したことに対する恐怖心からくるものでもあり、イスラームが軍事力によって広まったと誤解されていたのである。キリスト教の世界では、暴力的な十字軍が「平和的」で、イスラームを含むその他の宗教が「暴力的」であるという逆説的な思考が、疑問も呈されずに行われていたことになる。

　これらのイスラームに対する無理解と批判は、現代まで消えることなく続いており、近代最大の思想家と言われるマックス・ウェーバー（ヴェーバー、1864-1920、ドイツの社会学者・経済学者）でさえも、『宗教社会学論集』の中で、「イスラームは性的放縦と兵士の宗教である」として、後進的で暴力的な宗教であると決めつけている。一方のイスラームでは、ユダヤ教、キリスト教を同じ聖書を共有する兄弟宗教として、イスラーム支配下では保護民として、共存を推進してきたのである。

2.　ギリシア・ローマへの帰還

　イスラーム科学と哲学を吸収したヨーロッパでは、12、3世紀以降から、新しい挑戦が始まっていた。最初期にはトマス・アクィナスがイスラームを批判するために『対異教大全』を著し、さらに教皇の指示により、『神学大全』を著して、アラブ人の注釈を

排除した正しいアリストテレス主義を標榜した。このアリストテレス主義が、ヨーロッパからイスラームの影響を排除するために、アラビア語から翻訳されたラテン語による研究ではなく、ギリシア語から直接、ラテン語に翻訳する事業を促進することになった。つまり、ギリシアやローマは「西洋」に属しているという主張が採用されたからである。これには、新約聖書も最初はコイネーと呼ばれる古代ギリシア語の方言で書かれていたことや、5世紀にはヴルガータと呼ばれるラテン語訳聖書が、カトリック教会の標準ラテン語訳聖書と定められたことからも、この主張が一層強化されるようになった。

　こうして、西洋近代科学は、イスラームに対する劣等感の克服のために、その源流を直接ギリシア・ローマに求めることになり、イスラーム文明を経て大展開した科学や哲学から多大な影響を受けたことを隠蔽するようになる。19世紀前半はヨーロッパで自由主義とナショナリズムの運動が高まったが、その際に、古代のギリシア文化をそのままヨーロッパ文化の起源だと主張する「ギリシア愛護主義（フィルヘレニズム）」が主張されるようになった。西洋文明史では現在でも、科学文明がギリシア・ローマから直接、ルネサンスへと受け継がれたと説明されている。

　1990年代に入っても、一部の学者の間では、西洋文明は、その文学的・科学的起源が、ギリシア文学およびその後の哲学的・科学的文学を含むラテン文学に深く根ざしているという主張がなされている。この主張によれば、西洋文明は、アテネの偉大な文化的成果の一部に端を発しているというのである。

3. イスラーム文明からルネサンスへ

　ルネサンスは、文芸だけでなく、科学技術も復興した運動で、14世紀のイタリアに始まり、15世紀に最も盛んとなって、17世紀まで続いた運動を指す。ルネサンスとはラテン語で「再生」を意味する言葉で、日本では「文芸復興」と訳すことも多かったが、それはこの文化運動がギリシア・ローマ文化、つまりヨーロッパの源である「古典古代」の文化を「復興」させるという面があったとされたからである。

　ルネサンスの意義については、さまざまな論議があるが、従来の一般的な見方は、ゲルマン民族という蛮族の侵入によってもたらされた封建社会にあって、神を絶対視し人間を罪深いものとするカトリックの思想が支配的な中世を「暗黒の時代」と見て、その暗黒から人間を解放しようという運動である、というものである。ルネサンスの意義として、「個人の解放」、「ヒューマニズム」という理念が強調されたと言われる。しかし、現在では、一概に「中世＝暗黒時代」、「ルネサンス＝人間解放」と見るという単純な定義づけは弱くなり、中世の時代にもみられた文化的な豊かさも強調されるようになる一方で、ルネサンス以降の社会でも、例えば魔女裁判や異端審問などのような宗教上の暗黒面が、長い間、残っていたことも指摘される。

　ルネサンス運動によって、絵画、建築などの美術や文学の面で新しい内容とスタイルが生み出され、思想の面でも人間性に光が当てられるようになったことは確かである。その際、この運動に大きな影響を与えたのがギリシア・ローマの古典古代の文化であり、それはイスラーム文明を通じて伝えられたものであった。し

かし、ルネサンスは文化、芸術、思想上の運動であり、キリスト教支配そのものや封建社会への批判や改革を目指すものではなかったために、17世紀までは古典古代の文明がイスラーム文明を経由してきたことは、問題とはならなかった。イスラームからの影響を排除して、ヨーロッパ独自の近代化への転換は、18世紀の産業革命とフランス革命の時代まで待たなければならなかった。

ルネサンス発生の要因と経緯については以下のようにまとめられる。

① 十字軍遠征によるイスラーム・ビザンツ文化との接触。これによってイスラームやビザンツの文化に対する憧れが生まれる。

② ビザンツ帝国の滅亡による学者のイタリアへの亡命。オスマン帝国によって1453年にコンスタンティノープルが陥落しビザンツ帝国は滅亡した。ギリシア・ローマ文化を受け継いでいたビザンツ帝国の学者（多くがキリスト教徒）たちがイタリアに亡命して、イタリアでギリシア・ローマの古典の勉強がブームになった。

③ イタリアの都市国家の成長。諸都市の有力者による学問・芸術の保護が盛んになった。

この間、裕福なイタリア商人たちがビザンツの学者の支援者になることが多くなった。イタリアでは統一国家が生まれずに都市国家同士が覇権を競う内戦状態であり、海上貿易ではヴェネチア、ピサ、ジェノバなど、毛織物工業ではミラノ、フィレンツェが発展していた。裕福で経済的にゆとりがある商人階級は、学問文芸を保護することを一流の商人のステイタスと考えるようになった。そこで、豪商や諸都市が争って才能ある学者を招いたり、一流の

芸術家に教会を作らせたり肖像を作らせたりするようになる。有名なルネサンス芸術のパトロンとして、フィレンツェのメディチ家がある。

4. ルネサンスにおけるイスラーム文明の役割

　復習になるが、ギリシアをはじめとする古典的な知の遺産は、そのほとんどが8世紀から9世紀にかけてアラビア語に次々と翻訳され、初期のイスラーム文化の発達に多大の貢献をもたらした。とくに830年にアッバース朝の第7代カリフ、マアムーンによってバグダードに設立された研究機関「知恵の館」ではギリシア語からアラビア語へ膨大な翻訳作業が行われ、知識の継承が急速に進んだ。これらの書籍類が、イベリア半島で次々とラテン語に翻訳され、西ヨーロッパの人たちはイスラーム文明が継承し拡充した古典文書をラテン語で読むことができるようになった。

　アラビア語からラテン語への翻訳事業の大半は、イスラーム支配下のスペインにおいて行われたが、この地域がイスラーム圏とヨーロッパ大陸をつなぐ中継基地としての役割を担っていた。こうした作業には、様々な国や地域からやってきたムスリム、キリスト教徒、ユダヤ教徒など、数多くの学者が翻訳者として参加した。

　科学と経済の発達の重要性を痛感していた当時のヨーロッパ社会は、初期のイスラーム社会と同じように、医学・化学・哲学をはじめとする科学的な知識を必要としていた。イブン・ルシュド（アヴェロエス）の注釈によるアリストテレスの『霊魂論』、イブン・スィーナー（アヴィセンナ）が著した『医学典範』、哲学者・医師であったアル・ラーズィー（ラーゼス）が著した『アル・マン

スールの書』などは、いずれも 15 世紀から 16 世紀にかけて翻訳されたが、これらの作品は、500 年という長い歳月にわたって西洋の学生たちにとって必読書であった。

ルネサンス初期においてはギリシア文明とヨーロッパ諸国との関係は薄く、上述のようにスペインで、アラビア語文献からラテン語への翻訳事業によって実現された純粋に文化的な影響に過ぎなかった。1397 年になって、ビザンツ帝国からギリシア語の学者がフィレンツェに招聘されてギリシア語を教える語学校を開いて以降、イタリアでギリシア語学習が行われるようになった。そのためにビザンツ帝国に保管・継承されていたギリシア語の古典文献の読解が可能となり、ルネサンスの展開の一助となった。

1453 年にオスマン帝国によってコンスタンティノープルが陥落し、ビザンツ帝国が滅亡したが、その際、ビザンツから優れた学者がイタリア半島に相次いで移住した。これらの学者によっても古典文献研究は大きく進んだ。ルネサンス期のヨーロッパの学者たちは、百科全書的な膨大なギリシア・イスラーム文献に取り組み、こうした文献は、最終的には、多くのヨーロッパの言語に翻訳され、印刷技術の飛躍的な革新によってヨーロッパ全土に普及した。

アッバース朝の滅亡（1258 年）以降、イスラーム国家の分裂によって、東方世界では、その文化が衰退の一途をたどりはじめた時代と相前後して、ヨーロッパではギリシア・イスラームの知の遺産を継承してルネサンスが興り、イスラーム文化にとって替わる旺盛な活力を獲得していくことになる。世界史の主役の交替劇がこうして起こったのであり、ここからヨーロッパは今日に続く、世界の文明の中心地となった。この時代に、注目されるのは、多

文化の共存を訴えて夭折した多才な学者、ピコ・デラ・ミランドラの存在である。

　他方、イスラーム世界にも、斬新な視点で世界の歴史を論じて、最後の灯をともした学者が現れた。北アフリカのチュニスで生まれたイブン・ハルドゥーンは、イスラーム世界の衰退期に生きた歴史学者である。彼は、歴史的事象に見られる特定の原理を探求し、膨大な歴史哲学書を著作した。その斬新な方法論と鋭い直観に基づく解釈は、アーノルド・トインビーに「最も偉大な歴史書」として称賛されたほどである。

ピコ・デラ・ミランドラ (1463–94)

　15世紀に、「キリスト教も、ユダヤ教も、ギリシアの密議も、ペルシアのゾロアスター教もみな、同じことを教えていて、内実は同じなのに、それを表わす言葉が多少異なるだけなのだ」として多文化共存を訴えた人文主義の代表者がいる。イタリア・ルネサンス期の哲学者、ピコ・デラ・ミランドラである。14歳にしてボローニャ大学で教会法を学び、1486年に弱冠23歳で、ローマで『哲学、カバラ、神学の諸結論』を出版した。この書物は、さまざまな国の宗教的、哲学的伝統は共通の源泉をもつという立場から、それらの総合を目指して新しい哲学的解決を導入した大部の著作である。この書物の序文が有名な『人間の尊厳について』である。彼は、1494年に31歳の若さで死んだが、その死をめぐっては、古来多くの謎が指摘されてきた。教会関係者によって危険人物の一人と目され、密かに殺されたのではないかと推測されている。

現代にも通じるピコの斬新な思想は、高校教科書にも取り上げられている。

イブン・ハルドゥーン (1332–1406)

アラブの文明史家、思想家。北アフリカのチュニスの有力家系に生まれる。青年期、壮年期には、政治にも野心を抱いたが挫折し、一時期、隠遁生活を送り、執筆に専念した。後には北アフリカ、イベリア半島、エジプト、さらにシリアで諸王朝に仕え、波瀾万丈の人生を送った。

膨大な世界史『イバルの書』の序説と第一巻からなる『歴史序説（アル＝ムカッディマ）』が有名で、アラビア語原典から邦訳もされている。王朝の変遷を解明した中世最大の歴史学者とされる。彼の思想は，同時代の歴史家たちに大きな影響を与え、19世紀にはヨーロッパの学者たちによって、世界で最初の社会科学者とまで評価された。

チュニス（チュニジア）にあるイブン・ハルドゥーンの像（Kassus 撮影、CC BY-SA 3.0）

（森本公誠著『イブン＝ハルドゥーン』講談社学術文庫、森本公誠訳『歴史序説』1–4、岩波文庫を参照）

第13章

イスラーム文明・近代文明の
源流としての意義

　イスラーム文明とは、長い時間枠で見れば、7世紀から17世紀頃までの約1000年間にわたって展開した、世界で最も知的完成度が高く人間の社会生活の向上にも役立つ実利的な側面を持った文明であり、ムスリムだけでなく、キリスト教徒、ユダヤ教徒、ヒンドゥー教徒、仏教徒たちがともに協力して関わった真の意味でのグローバルな融合文明であった。この文明はイスラームの教えとアラビア語を基調とし、それにギリシア・エジプト・メソポタミア・インドなどの先進文明を取り入れ、それらの伝統の上に出来上がった文明である。この文明は、ヨーロッパでルネサンスの扉を開き、その成果によって近代科学をもたらすことになった。しかし21世紀の現在、その歴史的な存在も文明史上の意義も、忘れられ、無視され、誤解され、挙句の果てに故意に改竄までされた文明である。

1.　イスラーム文明の影響を否定する人々

　21世紀の現在、ヨーロッパ文明は古代ギリシア・ローマから直接受け継いだものだとして、イスラーム文明の存在を意図的に無視したヨーロッパ優位の立場は、強固に主張され続けている。

忘れてはならないことは、ヨーロッパの人々が最初に古代ギリシア文明を学んだのは、アラビア語を通して、つまり、イスラームを経由してであったことである。

　前にも学んだが、キリスト教を国教とするビザンツ帝国の皇帝ユスティニアヌスは529年に、ギリシアの学問が多神教時代に発展したものであるとして、プラトンが創設したアカデメイアを閉鎖し、貴重な文献を廃棄し学者を追放した。ビザンツを追われた多くの学者たちが、西アジアの寒村にギリシア語の文献を運び込み、ひそかにギリシアの哲学書や科学書、医学書などを研究し、多くの写本がシリア語に翻訳されていた。

　このシリア語訳のギリシア語文献が、アッバース朝期になると、カリフの命令でバグダードへ移され、「知恵の館」の大翻訳事業へとつながっていき、やがてムスリム、キリスト教徒、ユダヤ教徒たちとの共同作業によって、保存されていたほとんどすべてのギリシア語文献が、直接アラビア語に翻訳されるという一大翻訳事業が展開されたのであった。

　これまで見てきたように、イベリア半島ではトレドを中心にイスラーム文明の西方での拠点としての機能が維持され、12–13世紀にカスティーリャ王国のもとでこの地に翻訳学校が設立されている。そこでは、ギリシア語からアラビア語に翻訳されたギリシア科学の文献がラテン語に翻訳されて盛んに学ばれ、中世ヨーロッパ文化の発展に大きな影響を与えた。トレドにもたらされたアラビア語文献は、9世紀のアッバース朝時代に、バグダードの「知恵の館」において古代ギリシアの文献がアラビア語に翻訳された、そのものであった。

　中世ヨーロッパのキリスト教世界は、一貫してイスラームを偽

キリストの異端として厳しく排除し、レコンキスタや十字軍運動のような敵対行動を起こしてきたが、一方で、近接するイベリア半島のトレドや南イタリアなどで、また地中海のシチリアでは、早くからイスラーム文明の影響を受け、学問が盛んになっていた。

　皮肉なことではあるが、十字軍運動はヨーロッパにイスラーム世界との接触をさらに強める契機となり、12世紀ごろからイスラーム文化と、イスラーム文化を通じてギリシアの古典古代の学問を取り入れる動きが活発になり、ルネサンスを導くことになったのである。

「文化の扉」、空白の1000年間

　驚くべきことではないかもしれないが、朝日新聞2019年7月8日の文化面の「文化の扉」の記事には、「西欧近代は『古典ギリシア・ローマという巨人に肩車された小人』と言われる」という表現が躍っている。ここに見られるのは、14-16世紀にイタリア半島から興ったルネサンスはギリシア・ローマの遺産を直接、ヨーロッパへ伝える役割を果たし、そこにキリスト教の思想がヨーロッパという土台を固める役割を果たした、という、まさにヨーロッパ中心主義的な主張である。

　さらに、ヨーロッパ中心主義的な思想をよく表しているのが、紙面の左側の図表である。この図表では、4世紀から14世紀までの1000年間がなんと、白紙になっている。この1000年の間に、世界に何が起こったのか、全く説明も疑念も呈されていない。もし、イスラーム世界でギリシア語文献の翻訳作業が行われなかったとしたら、イスラームの支配者たちが、ビザンツ皇帝と同様に、異教の下で発達した文明を排除してしまったとしたら、今日の世界は、かつてギリシア・ローマ文明というものがあったが、原典類はすべて消滅してしまい、どのような文明であったのか、詳細はわからない、という事態になっていたであろう。文字を持たなかったインカ帝国の文明の全体像を解明することが困難で

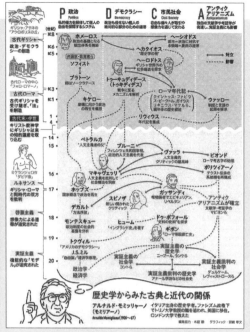

あるように。ギリシア文明も正確に後世に伝えられ、新たに研究がなされて、さらに大きく発展させることがなかったならば、近代文明の基礎を築くことができなかったであろう。

「西欧近代は『古典ギリシア・ローマという巨人に肩車された小人』と言われる」ためには、ほとんど廃れていたギリシア科学を復活させたイスラーム文明に負うところが大きいことを考慮しなければ、正しい歴史観とはならないであろう。

記事に付されていた図表。4–14世紀の1000年間は空白となっている。
出典：『朝日新聞』「文化の扉　西欧近代　古典が源流　古代ギリシャ・ローマの分析、多様な学問生む」（2019年7月8日、編集協力 木庭顕、グラフィック 宮嶋章文）

2. イスラームへの反感
―― ヨーロッパの一体感の確立

　イスラームに出会う以前のキリスト教会は、ローマ帝国による迫害の日々から、一転して313年のミラノの勅令によって公認され、さらに392年にローマ帝国の国教となったのちも、様々な異端の発生によって、つねに内部分裂の危機を抱えた不和の集団であった。325年の第1回ニカイア公会議では早くも三位一体論の論争が開始され、451年に開催されたカルケドン公会議に

おいて、今日まで続くカルケドン決定（キリストの神性と人性は分離することなく混合することもなく存在するとするという決定事項で、今日もローマ・カトリックや多くのプロテスタントが受け入れている信条）が発表されたが、その後も、カルケドン決定から離反する教会が相次ぎ、アルメニア使徒教会、エジプトのコプト教会、シリア正教会のように、今日まで残る単性論派教会などが形成された。

　キリスト教支配下にあった北アフリカは、429年のヴァンダル族の侵入によってキリスト教徒が迫害され弱体化したところに、643年以降になってイスラーム軍が侵入して、一帯は瞬く間にイスラーム化されてしまった。北アフリカにおけるキリスト教の弱体化から引き続いて711年にはイスラーム軍がジブラルタル海峡を越えて、イベリア半島に侵入し、その後、紆余曲折を経ながらも約800年間、イベリア半島にイスラームの影響が定着することになった。この間、急激なイスラームの進出について、キリスト教会が当初、真剣に対処しようとしなかったことが、長期間にわたるイスラーム勢力のイベリア半島での定着を助けたと見ることもできる。

　西洋キリスト教世界の反イスラーム的感情が具体化したのは、やはり十字軍運動による。ヨーロッパのキリスト教徒によるエルサレムへの巡礼は、以前から盛んであったが、巡礼者がイスラーム側から被害を受けることはなかった。イスラームの教義では、キリスト教徒とユダヤ教徒は、ムスリムと同じ聖典を共有する兄弟だとされていたからである。

　十字軍運動の発生は、ビザンツ皇帝による援軍の依頼をきっかけとして、当時のヨーロッパの難題となっていた社会的経済的、および宗教的諸問題の解決を一挙に図ろうとした、まさにヨー

ロッパ・キリスト教世界の要因によって引き起こされたものである。そのスローガンとして、イスラームへの蔑視と偏見が増長されたのである。キリスト教の敵とみなされるものに対する宗教的な「聖戦」と、社会的な利害関係に基づく実利的な戦いが一体化した遠征であり、その遠征についての大義名分を求める騎士階級の宗教的イデオロギーが利用されたのである。十字軍の構成が、軍人としての騎士階級だけでなく、宗教的情熱を持った巡礼者とともに、東方地域に生活の糧を求める多くの貧困層や農民から成り立っていたことからも、それは明らかである。その騎士たちも多くが封建領主の次男三男たちであり、東方の豊かな土地に自分の領地を獲得しようという強い野望を持っていた。

　1095 年に発布されたクレルモンの詔勅は、予想をはるかに超える効果を生み出し、破壊的なまでの大衆運動が発生した。これ以降、現代にいたるまで、ヨーロッパの対イスラーム蔑視と偏見は、消えることなく続いている。その中で、イスラーム文明を受け継いで発展した近代科学文明についても、歴史的事実を無視してイスラームの遺産を削除し、ヨーロッパを直接、ギリシア・ローマの文化的遺産と結びつける傾向は、現在でも多くのヨーロッパ人が共有する深層心理となっている。(『聖戦の歴史』カレン・アームストロング著、柏書房、70-96 頁)

3.　イスラーム文明とは何だったのか

（1）イスラーム文明の特徴

　イスラーム文明とは、いったい、何だったのか。ここで改めて要約してみたい。

前にも述べたが、イスラーム文明の特徴を一言でいうと融合文明である。イスラームの教えとアラビア語を基調とし、それにギリシア・エジプト・メソポタミア・インドなどの先進文明を取り入れ、それらの伝統の上に出来た文明である。ギリシアの遺産をもとに、様々な文明が融合して全く別の文明が作り出されたものである。ペルシアの説話を骨子としてギリシア・エジプト・インド・アラビアなどの説話を集大成した「アラビアン・ナイト」（千夜一夜物語）などは諸文明の融合を示すよい例である。

　イスラーム文明は、イスラームが広まった地域を中心として、ユダヤ教徒、キリスト教徒、サービア教徒などが参加して発展した文明であるが、アラビア語を共通言語として用いており、科学文明の研究者たちが、必ずしもムスリムではないという理由で「アラビア文明」ともいう。つまり、イスラームという宗教やアラブ人に限定されない普遍的文明であり、イスラーム世界の各地に伝播し、その地域・民族の特色が加わり、多種多様な幅広い文明が形成された。イベリア半島を通じて中世ヨーロッパに波及し、そこではムスリムの著作がアラビア語からラテン語に翻訳され、ヨーロッパにおける学問の発達を促し、後のルネサンスの開花にも大きな影響を及ぼした。

　世界史から見ても、早期に自然科学が発達したことも、イスラーム文明の特色である。自然科学は近現代のヨーロッパ文明で大いに発達し、現代の私たちに豊かで便利な生活を実現させたが、近代以前の文明の中で自然科学が発達したことはまれで、わずかにヘレニズム（ギリシア・ローマ）文化とイスラーム文化をあげることが出来る。イスラームが生まれたのはアラビア半島の沙漠地域であるが、宗教教義は都市の商人文化を背景としており、主な

担い手は商人や手工業者であり、美術・工芸などの分野に発達したことも、各地に拡大した理由である。

（2）イスラーム科学 —— 外来の学問

　イスラーム文明の中心となった科学は、いわば外来の学問であり、おもにギリシア・ローマ時代の文献を受け入れ研究すると同時に、インドや中国などの非アラブ世界の学問から学んだことを統合して発展したものである。それらの学問は、人文科学分野の哲学・論理学・倫理学と、自然科学分野の地理学・医学・薬草学・数学・天文暦学・工学・錬金術などを生み出して、発展していった。

　これらの「外来の学問」は、9世紀初頭からギリシア語の文献が組織的にアラビア語に翻訳されるようになって飛躍的に発達した。特に自然科学は実利性も伴っていたために、人々の生活向上にも大いに貢献した。医学・薬学は、ギリシア・インドから学び、特に外科・眼科などが発達していたと言われている。有名な医学者としては、イラン系の医学者・哲学者で『医学典範』の著者であるイブン・スィーナー（ラテン名、アヴィセンナ、980–1037）とコルドバ生まれの大哲学者・医学者で『医学大全』を著したイブン・ルシュド（ラテン名、アヴェロエス、1126–98）が知られている。

　数学も、ギリシアの幾何学やインドの数学を受け継ぎ、同時に十進法とゼロの観念を取り入れた。現在、使用されている算用数字がアラビア数字と呼ばれるのは、この数字を使った計算法がイスラーム世界で完成し、後にヨーロッパに普及して世界中で使用されるようになったためである。

　従来の数学では、ギリシアで発達したのは幾何学であった。ギ

リシアでは代数学に適した数字がなかったために、幾何学が発達したのである。計算に便利なアラビア数字の発明によって、イスラームでは、代数学や三角法が発達した。代数学を代表するのは、イラン系のフワーリズミー（780頃–850頃）である。彼は、ホラズムに生まれ、アッバース朝に仕え、アラビアの数学を確立し代数学の創始者となったが、彼は天文学者としても有名だった。

　天文暦学は、古代オリエントでも盛んであった占星術が、ギリシアの天文学を取り入れることによってイスラームでも大いに発達し、そこから天文観測や暦学が開発され、正確な暦も作成された。イランの詩人ウマル・ハイヤーム（1048–1131）は、数学者・天文学者でもあるが、セルジューク朝のスルタンの命により、きわめて精密な一種の太陽暦「ジャラーリー暦」の制定に従事した。数学者としては3次方程式の解法を体系化しているが、彼の名を有名にしているのはペルシア語の「四行詩集」（ルバーイーヤート）の作者としてである。「ルバーイーヤート」は19世紀に英訳されて世界的に有名となった。

　錬金術は、古代エジプトに起源を持つ、卑金属を貴金属に変えようとする技術である。錬金術は偽化学であるが、貴金属を作り出そうとして、あらゆる実験・観察が繰り返され、その中から様々な化学反応が研究され、酸とアルカリの区別などが知られていた。このイスラームの実験・観察のデータをもとに、近代ヨーロッパで化学が発達することになる。

　ヨーロッパ人が、イスラームから様々な学問・知識を受け入れていく際に、多くのアラビア語の単語が採用された。それは、当時のヨーロッパ人にはまだ知られていないもので、それを表現する言葉がないときには、アラビア語がそのまま使われたからであ

る。スペイン語の語彙の約8％がアラビア語起源だとされるが、今日の英語の中にも多くのアラビア語起源の単語があることはよく知られている。とくに、鉱物名や化学物質などにはalの付く語が多いがalはアラビア語の定冠詞から来たものである。またスペイン語の固有名詞にも「アル」で始まる言葉が多いのも、アラビア語の影響である。

「外来の学問」は、自然科学以外の分野では哲学・地理学なども発達した。哲学では、ギリシア哲学、特にアリストテレス哲学の研究が盛んに行われた。前述したイブン・ルシュドはアリストテレス哲学の研究家として知られ、彼の注釈は後の西ヨーロッパに大きな影響を与えた。イブン・ルシュドと同じく医学者として高名なイブン・スィーナーも哲学者としても有名である。

文学では、アッバース朝以後、ペルシアの文学の影響を受けて散文学が盛んとなった。その代表作「千夜一夜物語」（アラビアン・ナイト）は、8世紀にアラビア語に訳されたペルシア古来の「千の物語」が骨子になり、それにインド・アラビア・ギリシア・エジプトなどの説話が融合され、16世紀初め頃までに現在の形に発展したものである。物語の一部には、反道徳的でいかがわしい表現があるものの、当時のムスリムの生活や風俗を知る上で第一級の貴重な歴史的資料でもある。しかし、このいかがわしい表現や反道徳的な筋書きを巡っては、今日でも問題視され、発禁を求める訴訟が起こされることがある。

「千夜一夜」は決定的な底本がなく、長い時代の間に多くの物語が追加されたが、今日、子供向けの物語として世界中で読まれている「アリババと40人の盗賊」「船乗りシンドバットの冒険」「アラジンと魔法のランプ」なども、後世に追加された物語

である。

　イスラーム世界の建築は、ドームとミナレット（光塔、この上から人間の声で礼拝の時が告げられる）を特色とするモスク（イスラームの礼拝堂）が中心で、エルサレムの「神殿の丘」に建つ金色に輝くドームを持つ「岩のドーム」は初期の代表的なモスクである。またスペインのグラナダに残るナスル朝の宮殿である「アルハンブラ宮殿」は世界で最も美しいモスク建築の一例だと言われている。

　イスラームは偶像崇拝を厳禁とする宗教であり、そのため彫刻・彫像の技術はあまり発達しなかったが、絵画ではミニアチュール（細密画）が書物の挿し絵として始まり、後に中国絵画の影響を受けて盛んとなった。かわって、宗教的な施設の装飾として、イスラーム圏で大いに発達したのが、アラベスクである。アラベスク（アラブ風という意味）は、抽象的な植物文様や、クルアーンの章句を巧みな書道技術で図案にする文字装飾と、幾何学的に連続配置した装飾文様の3種類が組み合わされてできる装飾技法であるが、モスクなどのイスラーム建築では繊細で見事なアラベスクが用いられている。

（3）人と物の東西交流

　イスラームは「都市で発達した商人の宗教」であると言われる。教祖ムハンマドが隊商貿易に従事する商人であったことも原因の一つであるが、イスラームの暦が自然の運行を無視した太陰暦である点にも、その要素が見られる。広大なイスラーム世界の成立にともない、ムスリム商人による遠隔地貿易が盛んとなり、人と物の交流は文化の交流を促進した。ムスリム商人は、より多くの

利潤を求めて、イスラーム世界の外へも積極的に進出した。

　イスラームは、初期には政治的軍事的征服事業によって流布したが、後には商人の活動によって、アフリカや中央アジア、東南アジアへ広まっていった。公式には教団組織や宣教制度をもたないイスラームがアフリカの奥地や、中央アジア、遠く東南アジアまで伝播したのは、政治とは無縁のイスラーム神秘主義集団などの商業活動によるものである。

　遠隔地貿易には、陸上の隊商貿易と海上の商船貿易とがあった。ラクダの背に荷物を積んだ隊商は、遠くは中国・南ロシア・内陸アフリカを往来し、ムスリムの商船は地中海・インド洋を縦横に航行し、遠く東南アジアや中国にも至った。主要な取引品はインドや東南アジアの香辛料・宝石・綿布・染料、中国の絹織物・陶磁器など、またアフリカの金・象牙・奴隷などであった。

　海上の交易は、ペルシア湾岸のバスラ、スィーラーフ、スハールなどの港を拠点に、インド洋海域世界に広がる壮大な交易ネットワークが展開した。そこにムスリムは、木造で三角帆をはったダウ船の製造によって、モンスーンを利用するインド洋交易に進出した。

　こうした人と物の交流とともに文化の交流も盛んであった。アッバース朝の初期に、中国で発明された製紙法がバグダードに伝わって、書物の出版が盛んになった。この製紙法は、一説には、イスラーム軍と唐軍が戦ったタラス河畔の戦い（751）で捕虜となった唐軍の中に紙漉き工がおり、彼らによってイスラーム世界に伝わったと言われているが、歴史的事実としての年代などは、はっきりしない。

　その後、紙漉き法はシチリア島とイベリア半島を経て 12 世紀

頃に西ヨーロッパに伝えられた。製紙法の発達は、ギリシア語文献の翻訳や注釈書の出版だけでなく、イスラーム法やイスラーム神学、物語、詩などのアラブ世界内部の学問や文化の発展にも、大きく貢献した。同じく中国起源で宋代に実用化されていた火薬と羅針盤もイスラーム世界を経由してヨーロッパに伝えられた。インドから西アジアに伝わった木綿や砂糖も、十字軍の兵士達によってヨーロッパへ持ち帰られた。砂糖の商業生産も、それに伴うコーヒーの普及も、アラブ世界からヨーロッパへ、さらに世界へと広まったのである。

コーヒーの普及には紆余曲折の歴史があるが、1555年にはイスタンブルで最初のコーヒーハウスが開店した。その後すぐに、コーヒーはヨーロッパへも波及していった。イギリスでも17世紀の半ばまでは、コーヒーは医薬品として用いられていたようであるが、1650年ころ、オックスフォードにユダヤ人によって最初のコーヒーハウスが開店した。オックスフォードには東洋文化に関心を持つ学者が多く、そのためにコーヒーハウスは小さな大学のようになり、ここで、知識人たちが議論を交わしたり情報収集をしたりする独特のコーヒーハウス文化が誕生したと言われる。

私達が西洋のものと受け止めている文化やファッション、音楽、美容、食品、料理、嗜好品、マナーなどのほとんどが、東方のイスラーム圏からスペインを経由して、ヨーロッパ世界へもたらされたのである。

（4）イスラーム文明の再認識と相互理解への道を

イスラーム哲学の影響のもとにスコラ哲学を完成させたトマス・アクィナス以降の「信仰と理性の分離」によって、ヨーロッ

パはイスラーム科学を受け継ぎ、それを基盤として近代科学を発展させていくことができた。一方のイスラーム世界は、1258年のモンゴルの侵攻によって500年続いたアッバース朝が滅び、文明の拠点として栄華を誇ったバグダードの都も灰燼に帰し、文明の基盤となっていた灌漑システムの破壊と農業の荒廃を招くこととなった。

イスラーム文明は、広大なイスラーム世界がイスラームの宗教とアラビア語によって一体性をもったことにより、発展した科学文明であった。しかし、16世紀以降には、王朝や国家の弱体化に伴って、その宗教が進歩的な科学の発展に対立する復古運動の主体となり、創造的な科学技術の発展を妨げる要因となっていった。イスタンブルに建設されていたイスラーム世界で最後の天文台が、イスラーム法学の保守派によって1580年に破壊されたことは、復古主義的な宗教の台頭と科学文明の敗退の先駆けとなったのである。

こうして、17-18世紀以降のイスラーム世界の政治的混乱や、それに乗じたヨーロッパ植民地主義の搾取や抑圧のもとで、イスラーム世界は古典的な宗教回帰に頼らざるを得なくなり、7世紀から展開した華々しい文明を正しい信仰から外れた逸脱「ビドア」であるとして排除する事態に陥ったことは、世界史上の悲劇でもある。

イスラーム文明は、世界史上で知られている文明の中でも、最も豊かで広範囲な文明であったが、それはイスラーム世界だけで発達した文明ではなく、中国、インド、メソポタミア、エジプト、ヘレニズムという、イスラームが発生する以前に発展した諸文明の数千年にわたる伝統の上に、イスラーム世界で最盛期を迎えた

総合的で融合的な文明であったからである。この文明は、単なる学者たちや王侯貴族の関心事だけではなく、地域の人々の生活に密着した実質的で日常的な生活文化も含まれていた。だからこそ、ヨーロッパのキリスト教世界がイスラームとアラブ人に対する嫌悪感を持ちつつも、争い難い熱意をもって利用価値の高い優れた文明から多くを学ぶことになったのである。

エドワード・サイードの『オリエンタリズム』（1978年）が、西洋による東洋への蔑視が、特にイスラーム世界に対する差別主義を助長して、今日の植民地主義や人種差別主義を生み出していったと主張して以来、西洋と東洋（特にイスラーム世界）を対立的にみる見方が批判されるようになった。しかし、この対立は中世の十字軍時代までさかのぼる、長い歴史を持つ相互不信の根深い感情に支配されるものであり、今日でもサミュエル・ハンティントンによる「文明の衝突」に見られるように、西洋キリスト教世界を特別に優れた世界であるとして、アジアやアフリカ、特にイスラーム世界を「遅れた、野蛮な、血生臭い世界」と蔑視的に見る見方が止むことはない。

オリエンタリズム（Orientalism）

　一般には東洋趣味・東洋研究を意味する言葉。パレスチナ人の思想家でコロンビア大学比較文学科教授であったエドワード・サイード（1935–2003）が問題提起の書『オリエンタリズム』（1978年）を刊行して以来、「ヨーロッパのオリエントに対する思考と支配の様式」という新たな批判的定義が一般化するようになった。サイードによれば、西洋は歴史的にオリエント（東洋）を自己と正反対の他者として措定し、これに後進性・不変性・受動性・奇矯性・敵対性・非合理性といったマ

イナスの性格を短絡的に当てはめることによって、ヨーロッパとしての
アイデンティティを保ちつづけてきた。しかも、この思考過程は政治的
権力と学術的権威とによって保証され、劣ったオリエントを進歩した
ヨーロッパが救済するという意識を生み出した。これに基づいて、近代
の植民地主義や人種差別主義を正当化するにいたったとされる。サイー
ドの議論は中東研究のみならず、人文科学の諸分野に大きな影響を及ぼ
し、第三世界の諸民族や女性・黒人・マイノリティ等を視野に入れた論
争を引き起こした。その代表的なものがハンティントンによる「文明の
衝突」（1993 年）論でもあった。

文明の衝突（the Clash of Civilizations）

　世界秩序は 8 文明圏から構成されており、21 世紀には複数文明が衝
突するという議論で、ハーヴァード大学の政治学教授サミュエル・ハン
ティントンが『フォーリン・アフェアーズ』の夏号に書いた論文の主題
である。中国儒教文明とイスラーム文明のコネクションが西洋文明と対
決するという構図がとられた。ハンティントンは、現在起きている民族
問題や地域紛争は、異文明間の断層線（フォールト・ライン）で生じてい
ると考えている。しかし、文明間の相違と、それに基づく対立と衝突を
強調することは、むしろ相互の不信感が増幅されるだけであり、現代の
世界状況を理解し平和的な解決を目指すための解釈モデルとしては、全
くの誤りであることは、エドワード・サイードだけでなく、多くの識者
が警告している問題である。

　これに対して、W. モンゴメリ・ワットは、1972 年に出版され
た著書『地中海世界のイスラム』の最後に、ヨーロッパに対して、
次のような忠告を出している。

　　ヨーロッパはイスラムに反発しつつあったからこそサラセン

人（引用者注：イスラーム教徒）の影響を軽んじて、ギリシアと
ローマの遺産への依存を誇大視したのである。それゆえ今
日、"ひとつの世界"の時代に歩み入ろうとしているときに
あたって、私たち西欧人にとっての重大な課題は、この虚偽
の誇大視をただして、私たちのアラブおよびイスラム世界へ
の負い目を完全に認めることである。（『地中海世界のイスラム』、
144–145頁）

　20ページで紹介したR. W. サザンの著書『ヨーロッパとイス
ラーム世界』の原著は1962年に出版されたものであり、西洋キ
リスト教世界が、イスラームやアラブ人にたいする執拗な蔑視と
偏見を超えて、言語に尽くせぬ苦心のすえにイスラーム文明から
多くを学び、その成果を取り入れることによってイスラーム文明
を乗り越えようとしたことを高く評価している。今から60年前
にサザンが苦心しながら、キリスト教世界の誇りを傷つけないよ
うに、慎重に言葉を選んでヨーロッパにおけるイスラーム文明
の意義を説明しようとした、この試みが、現代に生かされていて、
イスラーム文明についての理解が進んでいるだろうか。
　まことに残念なことに、現代の相互理解はその当時より後退し
ている可能性が高い。60年前のサザンや50年前のワットの忠告
もむなしく、今もなお、ヨーロッパがイスラーム文明の存在を否
定し、直接、ギリシアの遺産を相続したことによって近代文明を
作り上げることができたと主張しているからである。
　サザンも彼の著書の最後に、何とかして希望が見つけられるこ
とを願って、以下のように述べている。

なにか進歩があったといえるのでしょうか。あったとわたくしは確信を持って申し上げなければなりません。（中略）中世において、イスラーム問題で学者は四苦八苦しましたが、結局、探し求め、望んだ解法を見出すことはできませんでした。しかし、このお陰で思考のパターンは作り上げられましたし、理解力も向上いたしました。もし他の人により、それらが違う分野に適用されれば、そのときは、まだ成功が約束されているかも知れません。（『ヨーロッパとイスラーム世界』161頁）

私たちは、異なった文明が、それぞれ、世界史の中で果たしてきた役割を新しい視点で客観的に学ぶことによって、私たちが生きている時代の本当の姿を知ることができる。歴史の流れを、ワットが忠告するような「虚偽の誇大視」ではなく、事実を事実として冷静に客観的に学ぶことは、現在、発展している文明を理解することと、次の時代に出現する新しい文明に対する心構えを教えてくれる。文明間の平和的な相互理解が進めば、60年前にサザンが言ったように、私たちには、まだ成功が約束されているのかもしれない。

アラビア語から英語に入った単語

　よく使用される単語のみ記した。日本語、英単語、そのあとに
ローマ字転写したアラビア語、の順に記載した。アラビア文字の
ローマ字転写表は、12 ページに掲載されている。アラビア語単語
のうち、語尾が ah で終わる単語の多くは女性形であることを示
す。単独で発音する場合は、h は読まない。例：(qahwah) は「カ
フワ」と読む。

（1）果物・香辛料、食品類

日本語	英語	アラビア語
アルコール	alcohol	al-kuḥūl
アプリコット	apricot	al-barqūq
チョウセンアザミ・アーティチョーク	artichoke	al-kharshūf
ナス	aubergine	bādhinjān
バルサム、香料	balsam	al-balsam
バナナ	banana	banānah
キャンディ	candy	qand
ヒメウィキョウ	caraway	karawiyā'
コーヒー	coffee	qahwah
クミン（スパイス）	cumin	kammūn
トウモロコシの一種	durra	dhurrah
乳香	frankincense	libān
生姜	ginger	janzibīl / zanjibīl
ハシシュ・大麻	hashish	ḥashīsh
ジャスミン	jasmine	yāsimīn
ジュレップ	julep	julāb

日本語	英語	アラビア語
レモン	lemon	laymūn
マジパン	marzipan	marṣabān
麝香	musk	musk
没薬	myrrh	murr
オレンジ	orange	nāranj
パエリア	paella	baqāyah
米	rice	ruzz
サフラン	saffron	zaʿfarān
ゴマ	sesame	simsim
シャーベット	sherbet	shurbah
ホウレンソウ	spinach	sabānikh
砂糖	sugar	sukkar
漆	sumac	summāq
シロップ	syrup	sharāb
タマリンド	tamarind	tamr hindī
タラゴン・エストラゴン	tarragon	tarkhūm

（2）材料・物質・学術用語

日本語	英語	アラビア語
代数学	algebra	al-jabr
アルカリ	alkali	qily, al-qālī
アマルガム	amalgam	al-malgham
バラ油、香水	attar	ʿiṭr
樟脳	camphor	kāfūr
化学	chemistry	al-kīmiyāʾ
綿	cotton	quṭn
哲学	philosophy	al-falsafah

日本語	英語	アラビア語
倉庫・雑誌	magazine	makhzan
数学	mathematics	al-riyāḍīyāt
水銀	mercury	al-qāʼid
モンスーン	monsoon	mawsim
ミイラ	mummy	mūmiyah
ナトリウム	natrium	naṭrūn
人種	race	raʼs
サファイア	sapphire	ṣafīr
ゼロ	zero	ṣifr

（3）仕事・器具・単位

日本語	英語	アラビア語
アドミラル・提督	admiral	amīr al-baḥr
浄化器	alembic	al-ʻanbīq
仕事場	arsenal	dār ṣināʻah
暗殺者	assassin	ḥashshāshīn
いかり綱・ケーブル	cable	ḥabl
長袖シャツ	camise	qamīs
水差し	carafe	gharrāfah
カラット（宝石などの単位）	carat	qīrāṭ
小切手・チェック	check	ṣakk
太鼓	drum	ṭunbūr
ギター	guitar	qithārah, qītār
ヘンナ・染料	henna	ḥinnāʼ
広口瓶	jar	jarrah
リュート（楽器）	lute	al-ʻūd
ソファー	sofa	ṣuffah

日本語	英語	アラビア語
関税	tarrif	ta'rīf
通訳ガイド	translator	turjumān
大臣	visier	wazīr

（4）建築

日本語	英語	アラビア語
丸天井・ドーム	dome	qubbah
光塔、ミナレット	minaret	manārah
モスク	mosque	masjid

（5）動物

日本語	英語	アラビア語
ラクダ	camel	jamal
カモシカ	gazelle	ghazāl
キリン	giraffe	zarāfah

本書で参照・参考にした文献

　出版年の古い順に並べた。これらの書籍の中には、それぞれのテーマに沿って書かれているものが多く、中には専門的な立場から編纂されたものも少なくない。またイスラーム文明については、ごく手短にしか記載していないものもみられる。その中で、特にイスラーム文明の全体像を簡明にわかりやすく解説しているものとしては、『地中海世界のイスラム —— ヨーロッパとの出会い』『イスラム治下のヨーロッパ —— 衝突と共存の歴史』『イスラム技術の歴史』の3点を必読書として挙げておく。

『アラビア科学の話』矢島祐利著、岩波新書、1965年

『生活の世界歴史7　イスラムの陰に』前嶋信次、河出書房新社、初版1975年、文庫版1990年

『地中海世界のイスラム —— ヨーロッパとの出会い』W.モンゴメリ・ワット著、三木亘訳、筑摩書房、1984年、文庫版2008年

『アラブが見た十字軍』アミン・マアルーフ著、牟田口義郎・新川雅子訳、リブロポート、1986年

『後期中世の哲学』ジョン・マレンボン著、加藤雅人訳、勁草書房、1989年

『中世知識人の肖像』アラン・ド・リベラ著、阿部一智・水野潤訳、新評論、1994年

『イスラム治下のヨーロッパ —— 衝突と共存の歴史』シャルル・エマニュエル・デュフルク著、芝修身・紘子訳、藤原書店、1997年

『イスラム技術の歴史』アフマド・Y・アルハサン+ドナルド・R・ヒル著、多田・原・斎藤訳、平凡社、1999年

『イスラームの生活と技術』（世界史ブックレット）佐藤次高著、山川出版社、1999年

『中世哲学史』アラン・ド・リベラ著、阿部一智・永野拓也・永野潤訳、新評論、1999年

『地中海世界』フェルナン・ブローデル著、神沢栄三訳、みすず書房、2000年

『中世思想原典集成11、イスラーム哲学』上智大学中世思想研究所編訳・監修、平凡社、2000年

『ユダヤ哲学』ユリウス・グットマン著、会田正人訳、みすず書房、2000年

『聖戦の歴史』カレン・アームストロング著、塩尻和子・池田美抄子訳、柏書房、2001 年

『岩波イスラーム辞典』大塚和夫他編集、岩波書店、2001 年

『新イスラム事典』日本イスラム協会・嶋田襄平・板垣雄三・佐藤次高監修、平凡社、2002 年

『キリスト教とイスラーム』L・ハーゲマン著、八巻和彦・矢内義顕訳、知泉書館、2003 年

『アラビア文化の遺産』ジクリト・フンケ 著、高尾利数訳、2003 年改訂版

『イブン・バットゥータの世界旅行』矢島彦一著、平凡社新書、2003 年

『イスラーム建築の見かた』深見奈緒子著、東京堂出版、2003 年

『お菓子の歴史』マグロンヌ・トゥーサン＝サマ著、吉田春美訳、河出書房新社、2005 年

『コーランの世界』大川玲子著、河出書房新社、2005 年

『アラビア科学の歴史』（「知の再発見双書」131）ダニエル・ジャカール著、吉村作治監修、遠藤ゆかり訳、創元社、2006 年

『イスラームを学ぼう —— 実りある宗教間対話のために』塩尻和子著、秋山書店、2007 年

『ルネサンスと地中海』樺山紘一著、中公文庫、2008 年

『イスラームの人間観・世界観 —— 宗教思想の深淵へ』塩尻和子著、筑波大学出版会、2008 年

『失われた歴史 —— イスラームの科学・思想・芸術が近代文明を作った』マイケル・ハミルトン・モーガン著、北沢方邦訳、平凡社、2010 年

『イスラーム哲学とキリスト教中世、Ⅰ理論哲学』竹下正孝・山内志朗編、岩波書店、2011 年

『イスラーム哲学とキリスト教中世、Ⅱ実践哲学』竹下正孝・山内志朗編、岩波書店、2012 年

『コルドバ歳時記への旅』太田尚樹著、東海大学出版部、2014 年

『イスラームを学ぶ —— 伝統と変化の 21 世紀』塩尻和子著、NHK 出版、2015 年

『図説イスラム教の歴史』菊地達也編著、河出書房新社、2017 年

『『アラビアンナイト』から Aladdin とお菓子』ムナ・サルーム、レイラ・サルーム・エリアス著、今川香代子訳、東洋出版、2017 年

『ヨーロッパとイスラーム世界』R.W. サザン著、鈴木利章訳、ちくま学芸文

庫、2020 年

『世界神学を目指して —— 信仰と宗教学の対話』ウィルフレッド・キャント
　ウェル・スミス著、中村廣治郎訳、明石書店、2020 年

「南原繁『国家と宗教 —— ヨーロッパ精神史の研究 —— 』を読みなおす」板
　垣雄三著、『今、南原繁を読む —— 国家と宗教とをめぐって』南原繁研
　究会編、2020 年、3 – 27 頁

「中世ヨーロッパ料理書にみられるアラビア語名料理」尾崎貴久子著、『防衛
　大学紀要』（人文科学分冊）第 100 輯（22・3）別冊、87 – 100 頁

La Transmission de la Philosophie Grecque au Monde Arabe, ʻAbdurraḥmān
　Badawi, J.Vrin,Paris, 1968

The Influence of Islam on Medieval Europe, W. Montgomery Watt, Edinburgh
　University Press, 1972

A History of Medieval Philosophy, Frederick C. Copleston, University of
　Notre Dame Press, Reprint 1990, Originally 1972.

Afrūṭīn ʻinda al-ʻArab, ʻAbd Raḥmān Badawī, al-Ṭabʻat al-thālithah, Kuwait,
　1977

Muslim Religious Architecture, Doğan Kuban, E.J.Brill. 1985

The Unity of Islamic Art, The King Faisal Foundation,1985

Later Medieval Philosophy (1150 – 1350), John Marenbon, Routledge, 1987

Holy War, the Crusades and their Impact on Today's World, Karen Armstrong,
　Anchor Books, 1988

The Introduction of Arabic Philosophy into Europe, Ed. Charles E.
　Butterworth and Blake Andrée Kessel, E.J.Brill, 1994

Splendours of an Islamic World, Henri and Anne Stierlin, Tauris Parke Books,
　1997

The First Crusaders 1095 – 1131, Jonathan Riley-Smith, Cambridge University
　Press, 1997

Light from the Depth of Centuries, Sharq, Tashkent,1998

Islamic Ornament, Eva Baer, Edinburgh University Press, 1998

*The Arab Contribution to Islamic Art from the Seventh to the Fifteenth
　Centuries*, Wijdan Ali, the American University in Cairo Press, 1999

Western Views of Islam in Medieval and Early Modern Europe, Michael

Frassetto and David R. Blanks, St. Martin's Press, New York, 1999

Greek Philosophers in the Arabic Tradition, Dimitri Gutas, Ashgate, 2000

Islamic Art and Architecture 650 – 1250, Yale University Press, 2001

The Transformation of Islamic Art during the Sunni Revival, Tasser Tabbaa, The University of Washington Press, 2001

Islam and the Religious Arts, Patricia L. Baker, Continuum, 2004

索　引

数字

12 イマーム派　31

あ

アイユーブ朝　71, 80, 112, 153, 155
アヴィセンナ　→イブン・スィーナー
アヴェロエス　→イブン・ルシュド
アウグスティヌス　135, 145, 146
アウグスティヌス主義　135
アカデメイア　33, 39, 49, 51, 170
アクバル　107
アシュアリー学派　121
アストロラーベ　47, 100
アズハル大学　123, 124, 129
アゼルバイジャン　45, 91, 150
アッカー（アッコン）　153, 155
アッバース朝　15, 22, 25, 26, 33–35,
　　39–42, 50, 55, 57, 61, 77, 82,
　　90, 96, 99, 105, 106, 113, 138,
　　144, 150, 165, 166, 170, 177,
　　178, 180, 182
アッバード朝　58
アテネ　33, 39, 162
アデラード（バースの）　125
アナトリア　26, 45, 150
アブドゥッラフマーン1世　16, 53, 55,
　　57
アブドゥッラフマーン3世　54, 57

アブラハム　27, 51
アブルカスィス通り　110
アミール　53, 54, 96
アラビア数字　14, 92–95, 124, 125,
　　176, 177
アラビアンナイト　75, 76
アラブ人　16–19, 21, 23, 28, 41, 64,
　　66, 70, 81, 83, 91, 113, 126,
　　132, 161, 175, 183, 185
アラベスク　46, 137, 139, 141, 142,
　　144, 179
アリーの党　31
アリストテレス　40, 50, 72, 97, 105,
　　113–120, 126, 129–135, 162,
　　165, 178
『アリストテレスの神学』　117
アル＝カーミル　71, 72
アルゴリズム　15, 96
アル＝バッターニー　102
アルハンブラ宮殿　57, 59, 179
アル＝ビールーニー　102
アルビジョワ十字軍　151, 152
アルフォンソ6世　58
アルフォンソ10世　125
アルフォンソ10世天体表　125
アルベルトゥス・マグヌス　134
『アルマゲスト』　99, 100, 103
アレクシオス1世コムネノス　150

アンダルシア　26, 43, 53, 54
アンダルス　16, 43, 54, 56-58, 72, 77-79, 110-112, 147, 156

い

イェシヴァ　40
イエニチェリ　48
『医学実践の手引き』　106, 110
『医学集成』　106
『医学大全』　111, 176
『医学典範』(『医学綱要』　42, 43, 106, 109, 110, 126, 165, 176
『医学の方法』　110, 126
イスタンブル　45-47, 86, 181, 182
イズニク　46
イスマーイール派　117, 150, 155
イスラーム神秘主義　62, 63, 114, 121, 180　スーフィズム も見よ
『イスラーム治下のヨーロッパ』　17
イスラーム哲学　59, 111-114, 117, 118, 135, 136, 181
イスラーム暦　25, 100, 101
イスラエル　28, 146
板垣雄三　18
異端宣告　120, 132
イドリースィー　72, 73
『イバルの書』　168
イブン・アディー, ヤフヤー　117
イブン・アラビー　114
イブン・イスハーク, フナイン　105, 106, 113, 116
イブン・スィーナー (アヴィセンナ)　15, 40, 42, 72, 90, 102, 106-110, 114, 116, 118, 120, 121, 126, 128-131, 133, 165, 176, 178

イブン・トゥファイル　102, 111, 114, 119
イブン・バーッジャ　114
イブン・ハイサム　94, 97, 98, 100, 102
イブン・ハイヤーン, ジャービル　89, 90, 92
イブン・ハルドゥーン　90, 167, 168
イブン・マイムーン　112
イブン・ルシュド (アヴェロエス)　40, 43, 102, 111, 114, 115, 119, 120, 128, 130-133, 135, 136, 165, 176, 178
イベリア半島　14, 16, 17, 21-23, 26, 42, 43, 53, 55, 57-59, 81, 84, 95, 123, 124, 147, 148, 153, 155-157, 161, 165, 168, 170, 171, 173, 175, 180
イマーム　30, 31, 137, 138
隠者ピエール　151, 152
インドネシア　28, 65
インノケンティウス 3 世　70, 152

う

ウード (リュート)　46, 78, 87, 103
ウェーバー, マックス　161
ウクリディスィー, アブー・ハサン・アル＝　95
ウマイヤ朝　15, 16, 25, 26, 53, 57, 105, 106, 138
ウマル・ハイヤーム　98, 177
ウラマー　30, 124
ヴルガータ　162
ウルグ・ベク　36, 43-45, 47
ウルバヌス 2 世　150

ウンマ　→共同体

え

永楽帝　66, 68, 69
エーコ，ウンベルト　133
エジプト　25, 36, 42, 69, 76, 80, 84,
　　86, 90, 112, 150, 152, 153, 155,
　　168, 169, 173, 175, 177, 178,
　　182
エフェソス公会議　40
エブロ川　156
エル・シド　56
エンネアデス　118

お

オスマン建築　46
オスマン帝国　17, 26, 27, 46, 139,
　　143, 154, 164, 166
オリーブ石鹸　91
『オルガノン』　117
音楽理論　112, 117

か

カーリミー　80
カール大帝　146, 147
カール・マルテル　54
カイロ　42, 61, 63, 69, 80, 82, 86, 97,
　　123, 129, 155
化学　14, 15, 34, 41, 48, 49, 89-92,
　　106, 165, 177, 178
科学アカデミー　26, 35
ガザーリー，アブー・ハーミド　114,
　　120, 136
カスティーリャ　56, 58, 125, 170
カスティーリャ語　125

ガズナ朝　42, 102, 103
学校　26, 35, 43, 58, 106-110, 123,
　　124, 129, 130, 166, 170
カフワ　→コーヒー
神の平和　148
カラウイーイーン大学　123, 124, 129
ガラン，アントワーヌ　75
カルケドン公会議　172

き

幾何学文様　141-144
騎士修道会　154
キャラバンサライ　64
共同体（ウンマ）　30, 31
ギリシア愛護主義（フィルヘレニズム）
　　18, 162
キンディー　113, 126, 129

く

グアダルキビル川　57, 156
クリュニー修道院　126, 128, 148
『クルアーン』（『コーラン』）　23, 24,
　　28, 31, 36, 42, 49, 50, 92, 100,
　　109, 123, 126-128, 132, 133,
　　139, 140, 143, 144, 159, 179
クルチ・アルスラーン 1 世　152
グレゴリウス 7 世　146, 148
クレメンス 4 世　21, 134
クレルモン　150-152, 174
クレルモン公会議　150, 152
グンディサウルス　128, 129

け

啓典の民　27, 41, 49, 50, 153
ゲラルドゥス　126

こ

コイネー 162

後ウマイヤ朝 16, 21, 26, 42, 53, 54, 55, 57, 58, 78, 110, 146, 155

香辛料貿易 80

コーヒー 14, 76, 81, 83–87, 181

コーヒー禁止令 86

『コーラン』 →『クルアーン』

国土回復運動 →レコンキスタ

固形石鹸 91

コプト教会 144, 173

コルドバ 16, 26, 42, 53, 57, 58, 61, 70, 72, 77, 78, 81, 110–112, 115, 119, 156, 176

『コルドバの歳時記』 81

コンスタンティヌス（アフリカの） 107

さ

サービア教徒 49, 50, 112, 175

サービト・イブン・クッラ 50

サーマーン朝 42, 102

サイード，エドワード 183, 184

在家の宗教 24, 29

細密画 46, 138, 179

蔡倫 68

サカーリバ 54

冊封体制 66

砂糖 14, 81, 83, 84, 86, 181

サトウキビ 81, 83, 84

砂漠の宗教 20, 21, 61

ザフラーウィー 106, 110, 126

サマルカンド 36, 42–44, 47, 61

サラーフ・アッディーン（サラディン） 153, 155

サラゴサ 54, 57, 58, 147, 156

サレルノ大学 130

サレルノの医学校 107

三角法 19, 89, 93, 101, 102, 177

ザンギー朝 153

『三大陸周遊記』 69

サンティアゴ・デ・コンポステーラ 156

三位一体論 28, 40, 172

し

シーア派 30, 31, 114, 117, 118, 138, 150, 155

シェヘラザード 75

シエラ・デ・コルドバ 57

ジェルヴェール（オーリャックの） 124

色目人 66

『自己矛盾の自己矛盾』 114, 120

シゲルス（ブラバンの） 132, 135

『指示と警告』 109

ジズヤ →人頭税

自然科学 19, 175, 176, 178

シチリア 53, 64, 70–72, 123, 130, 134, 171, 180

ジハード 149, 150, 153

司馬遷 68

シャーフィイー学派 121

ジャラーリー暦 98, 177

シャンルウルファ 51

『宗教諸学の再興』 121

ジュンディーシャープール 33, 34, 39, 42, 51, 116

『小著作』 134

商人文化 20, 175

書道 46, 139–141, 143, 144, 179

叙任権闘争 148

シリア語　33, 40, 50, 113, 170
シルヴェスター2世　21, 124
ジルヤーブ　→ズィルヤーブ
『神学大全』132, 135, 161
人頭税（ジズヤ）　27
新プラトン主義　116-118, 120

す

スィキッリーヤ　→シチリア
ズィルヤーブ（ジルヤーブ）　55,
　　77-79, 81
数学　14, 15, 34, 41, 42, 44, 48-50,
　　89, 92-102, 109, 112, 124-
　　126, 176, 177
スーク　63, 145
スーフィズム　62, 114, 117, 118, 121
　　イスラーム神秘主義　も見よ
スコット，マイケル　133
スコラ哲学　40, 59, 72, 115, 119,
　　121, 131, 133, 136, 181
スタラクタイト（ムカルナス）142, 143
スフラワルディー　114
スミス，ウィルフレッド・キャントウェル
　　136
スンナ派　31, 45, 85, 86, 120, 121,
　　124, 150, 155
ズンヌーン朝　58

せ

聖家族　31
正義の戦争　145
政教一致　24, 29
星辰信仰　50
聖戦思想　145-147
正統カリフ　25, 31

聖ペテロの軍務　148
『聖法と叡知の関係を定める決定的議
　　論』120
聖ヨハネ騎士団　154
セウタ　72
『世界の記述』69
セム的一神教　27
セルジューク朝　98, 150, 152, 177
ゼロ　19, 95, 97, 176
占星術　100, 101, 125, 126, 177
『千夜一夜』42, 75-77, 133, 175,
　　178

そ

ゾロアスター教徒　22, 112
尊者ペトルス　127

た

第1原因　119
第2の師　114, 116, 117
第6回十字軍　71, 72
『対異教大全』132, 161
『第三著作』134
『大著作』134
太陽年　43
ダウ船　64-66, 80, 180
タキユッディーン　47
『タブラ・ロジェリアナ』73, 74
タホ川　58, 156
ダマスカス　15, 16, 25, 26, 53, 61,
　　69, 82, 91, 95, 106, 116, 155
タワーイフ　58
単性論派教会　173

ち

知恵の館　16, 22, 33, 39, 41, 42, 58,
　　113, 116, 165, 170
『治癒の書』　42, 109

て

ティムール朝　43
鄭和　53, 66–69
テーブルマナー　79
『哲学者の意図』　121
『哲学者の自己矛盾』　114, 120, 121
テンプル騎士団　154
天文学　19, 34, 41, 42, 44, 47–50,
　　89, 93, 96–103, 112, 124, 125,
　　129, 144, 177
天文台　26, 35, 43, 44, 47, 99, 101,
　　182

と

ドイツ騎士団　154
トインビー，アーノルド　167
トゥース　102, 114, 120, 121
トゥースィー，ナスィールッディーン
　　102, 114
トゥール・ポワティエ間の戦い　54
ドゥエロ川　156
トゥグルク朝　69
都市の宗教　19, 20
図書館　26, 35, 47, 55, 57, 99
トマス・アクィナス　71, 72, 113, 115,
　　132–136, 145, 161, 181
ドミニコ会　134
トルキスタン文化　45
トルコ行進曲　48
トレド　53, 54, 57–59, 125, 126,
　　128, 156, 170, 171
トレド大司教　125

な

ナスル朝　16, 53, 57, 59, 155, 156,
　　179
ナポリ大学　71, 134
南原繁　18

に

ニカイア公会議　172
ニザーミーヤ学院　121
西ゴート王国　58
二重真理説　132
『人間の尊厳について』　167

ぬ

ヌール・アッディーン　153

ね

ネストリウス派　39, 40, 112, 113, 116

は

ハーキム　97
ハールーン・ラシード　42, 77, 90,
　　106
ハーン　61, 63, 64, 137
パエリア　14, 82, 83
ハカム2世　55
パキスタン　29
バクー油田　91
バグダード　15, 16, 25, 26, 33, 34,
　　39–42, 50, 55, 58, 61, 77–79,
　　82, 95, 101, 106, 107, 113, 116,
　　117, 121, 165, 170, 180, 182

バスラ　61, 64, 97, 116, 180

ハッラーン（ハラン）　33, 34, 39, 42, 49-51, 123

ハディース　111

ハドラマウト　65

ハマダーン　109, 110

『薔薇の名前』　133

ハラン　→ハッラーン

パリ大学　111, 115, 129, 131-135

バングラデシュ　29

ハンティントン，サミュエル　183, 184

ひ

ピコ・デラ・ミランドラ　167

ビザンツ帝国（東ローマ帝国）　25, 28, 33, 45, 49, 70, 138, 150, 152, 164, 166, 170

ヒジュラ　25

ヒジュラ暦　25

ヒッティーン　155

日時計　100

ヒンドゥー教徒　13, 23, 169

ふ

ファーティマ朝　42, 61, 97, 150, 155

ファーラービー　114, 116-118, 120, 121, 126, 128

ファルサファ　→イスラーム哲学

フィルヘレニズム　→ギリシア愛護主義

フェズ　57, 123, 129

フェデリコ 2 世ナポリ大学　71

フェルナンド 3 世　58

仏教徒　13, 23, 169

プトレマイオス　50, 97-103, 116

ブハラ　42, 109

プラトン　33, 39, 40, 51, 114, 116-118, 120, 170

フランク王国　54, 146, 147

フランク人　153

フリードリヒ 2 世　70-72, 130, 134

プロティノス　117, 118

フワーリズミー　15, 49, 89, 92, 93, 95-97, 100, 125, 177

ブワイフ朝　26

『文明の衝突』　183, 184

へ

ペトルス・ウェネラビリス　126-128

ヘレニズム　18, 20, 42, 138, 162, 175, 182

ほ

保護民　27, 41, 50, 154, 161

ボローニャ大学　71, 130, 167

ま

マアムーン　15, 39, 42, 96, 102, 113, 165

マーワラーアン=ナフル　102

マッカ（メッカ）　23-25, 27, 45, 61, 67, 86, 101, 121, 138

マディーナ（メディナ）　25, 45, 57, 61

マディーナ・アッ=ザフラー　57

マドラサ　80, 112, 123, 124

マフディー版『千夜一夜物語』　76

マムルーク朝　75, 80, 153

『迷える人びとの導き』　113

マリーン朝　57

マルコ・ポーロ　69, 91

マルタ騎士団　154

マルタ共和国　154
マレーシア　29, 65
『マンスールの書』　106, 165

み

ミスル　61
ミラノの勅令　172
民衆十字軍　151, 152

む

ムカルナス　→スタラクタイト
ムスリム　13, 17, 22, 23, 27-29, 33, 34, 36, 40, 45, 48, 53, 55, 57, 58, 64-66, 69-72, 80, 82, 101, 113, 121, 124, 126, 127, 139, 146-149, 151, 153, 154, 156, 157, 165, 169, 170, 173, 175, 178-180
ムデーハル　58, 156
ムハンマド　15, 23-25, 28, 30, 31, 61, 139, 160, 179
ムラービト朝　57
ムワッヒド朝　57, 111, 112, 156

め

メフメト2世　45
メッカ　→マッカ
メディナ　→マディーナ
メリダ　54, 58

も

モザイク・タイル　138
モサラベ　54, 56, 58
モンゴル軍　26
モンスーン航海　64

ゆ

『有徳都市の住人がもつべき諸見解の原理』　117
ユーナーニー医学　107
ユダヤ・アラビア語　82, 113
ユダヤ人　21, 28, 40, 41, 54, 64, 82, 112, 113, 125, 126, 128, 152, 181

ら

ラーズィー, アブー・バクル　90, 106
ラーズィー, ファフルッディーン　114
ライムンドゥス　125
羅針儀　66
ラス・ナバス・デ・トロサの戦い　156
ラテン・アヴィセンナ主義　43, 120, 128, 130
ラテン・アヴェロエス主義　43, 111, 115, 120, 128, 131, 132, 135

り

リベラルアーツ　129
流出論　116-120
リュート　→ウード

る

ルイ8世　152
ルイ9世　151
ルーム・セルジューク朝　152
ルッジェーロ2世　70, 72-74
ルネサンス　13, 14, 18, 48, 53, 60, 94, 162-167, 169, 171, 175

れ

レオ3世　146

『歴史序説』　168

レコンキスタ（国土回復運動）　26,
53, 56, 59, 115, 119, 145, 147,
148, 153, 155–157, 171

錬金術　15, 41, 42, 89, 90, 92, 106,
176, 177

ろ

『ローランの歌』　147

ロジャー・ベーコン　131, 134

ロバート（ケットンの）　92, 127

ロバート（チェスターの）　89, 91, 92

ロバート・グローステスト　133

わ

ワット，W. モンゴメリ　184

著者紹介

塩尻和子（しおじり・かずこ）

　1944 年岡山市生まれ。

　東京大学大学院人文社会科学研究科博士課程単位取得退学（博士（文学）東京大学）。

　筑波大学教授、同大北アフリカ研究センター長、同大理事・副学長（国際担当）、東京国際大学特命教授、同大国際交流研究所所長を経て、現在、筑波大学名誉教授、アラブ調査室室長。

　専門分野は、イスラーム神学思想、比較宗教学、宗教間対話、中東地域研究。

　主な著書・論文：『リビアを知るための 60 章【第 2 版】』（明石書店、2020 年、編著）、「イスラーモフォビアに立ち向かう」（『日本のイスラームとクルアーン ── 現状と展望』晃陽書房、2020 年）、「公共宗教としてみたイスラームの世俗性と普遍性」（『ピューリタニズム研究第 13 号』日本ピューリタニズム学会、2019 年）、「イスラーム・ジェンダー論の行方」（『いま宗教に向き合う』第 4 巻、岩波書店、2018 年）、「宗教間対話運動と日本のイスラーム理解」（『宗教と対話 ── 多文化共生社会の中で』教文館、2017 年）、「ジハードとは何か ── クルアーンの教義と過激派組織の論理」（『変革期イスラーム社会の宗教と紛争』明石書店、2016 年）、『イスラームを学ぶ』（NHK 出版、2015 年）、「初期イスラーム思想における理性主義的人間観と宗教倫理」（『イスラム哲学とキリスト教中世 II　実践哲学』岩波書店、2012 年）、『イスラームの人間観・世界観』（筑波大学出版会、2008 年）、『イスラームを学ぼう』（秋山書店、2007 年）、『イスラームの生活を知る事典』（東京堂出版、2004 年、池田美佐子と共著）、『イスラームの倫理 ── アブドゥル・ジャッバール研究』（未來社、2001 年）、ほか多数。

イスラーム文明とは何か
―― 現代科学技術と文化の礎

2021 年 3 月 20 日　初版第 1 刷発行

著　者	塩　尻　和　子
発行者	大　江　道　雅
発行所	株式会社明石書店

〒101-0021 東京都千代田区外神田 6-9-5
　　　　　電　話　　03 (5818) 1171
　　　　　F A X　　03 (5818) 1174
　　　　　振　替　　00100-7-24505
　　　　　http://www.akashi.co.jp/

装　丁　　明石書店デザイン室
印刷・製本　　日経印刷株式会社

（定価はカバーに表示してあります）　　ISBN 978-4-7503-5170-4

イスラーム/ムスリムをどう教えるか

ステレオタイプからの脱却を目指す異文化理解

荒井正剛、小林春夫 編著

A5判／並製／208頁
◎2300円

イスラームをどう教えるのかに戸惑う教師は多い。小・中・高校生のイスラーム知識と意識の実態、教科書記述の分析を踏まえ、教材開発、授業実践の具体例から、イスラーム＝異質、怖いなどの偏見や思い込みを超えて多面的・対話的な理解を促す授業を提案する。

第I部 現状と課題

社会科の授業における課題／社会における課題

第II部 授業実践と生徒の反応

新学習指導要領におけるイスラームの学習内容と本書掲載の各実践／ムスリムの思いを通して寛容的な態度を育む授業／イスラーム文化の奥深さと、生徒の生活とのつながりを実感させる授業／イスラーム／マス・メディアの情報を批判的に考察する歴史授業／生徒が共感し、共通性を知ることから、ムスリムとの共生を考える授業／アジアの多様なムスリムを理解する地理授業／多文化共生の状況とその変化を史料から読み取る世界史授業／科目連携からムスリムと共に生きる知を探る授業

第III部 異文化理解・多文化共生を目指す教育へのヒント

偏見に向き合う世界史把握の方法／人々・地域をどう取り上げるか

リビアを知るための60章【第2版】

エリア・スタディーズ 59 塩尻和子編著
◎2000円

サウジアラビアを知るための63章【第2版】

エリア・スタディーズ 64 中村覚編著
◎2000円

ウズベキスタンを知るための60章

エリア・スタディーズ 164 帯谷知可編著
◎2000円

イスラーム世界のジェンダー秩序

「アラブの春」以降の女性たちの闘い

辻上奈美江著
◎2500円

中東・イスラーム世界の歴史・宗教・政治

多様なアプローチが織りなす地域研究の現在

高岡豊、白谷望、溝渕正季編著
◎3600円

幸福の智恵 クタドゥグ・ビリグ

テュルク民族の長編物語詩

ユースフ・ハース・ハージブ著 山田ゆかり訳
◎9200円

イスラーム・シンボル事典

マレク・シェベル著 前田耕作監修 甲子雅代監訳
小川菜穂子、ヘレンハルメ美穂、松永りえ訳 株式会社リベル翻訳協力
◎9200円

イスラーム世界歴史地図

デヴィッド・ニコル著 清水和裕監訳
◎15000円

〈価格は本体価格です〉

世界神学を
めざして

信仰と宗教学の対話

ウィルフレッド・キャントウェル・スミス ［著］

中村廣治郎 ［訳］

◎四六判／上製／352頁　◎4,200円

世界的な宗教学者キャントウェル・スミスが、宗教紛争の絶えない世界
にあって、異なる宗教の共存と相互理解のために比較宗教学の新たな
理論的な枠組みを提示し、諸宗教が共有しうる「世界神学」を提唱。
中村廣治郎氏による待望の日本語翻訳。

《内容構成》────

第一部　宗教学──歴史的

第一章　単数形の宗教学

第二章　プロセスへの参加としての宗教生活

第二部　宗教学──学術的・理性的

第三章　序説──宗教と人間の概念化

第四章　人間的知の形式としての自己意識(一)

第五章　人間的知の形式としての自己意識(二)

第三部　宗教学──神学的

第六章　比較宗教の「キリスト教」神学？

第七章　イスラーム？　ヒンドゥー教？　ユダヤ教？　仏教？
　　　　──特にキリスト教以外の共同体との関連における比較宗教の神学

第八章　われわれの中のキリスト教徒にとっての比較宗教の神学

第九章　中間的結論

　　訳者あとがき

〈価格は本体価格です〉

変革期 イスラーム社会の宗教と紛争

塩尻和子 [編著]

◎四六判／上製／416頁　◎2,800円

イスラーム社会の「市民宗教」としての役割について、中東・アジア・欧米各国で現地調査をもとに、民主化と同時に過激なイスラーム運動を引き起こしたイスラーム社会の変革の現状と背景を踏まえ宗教学的に考察する。

《内容構成》

I 宗教と紛争

第1章　崩れゆく世界——イスラームの将来　［板垣雄三］

第2章　ジハードとは何か——クルアーンの教義と過激派組織の論理　［塩尻和子］

第3章　宣教の書としての『クルアーン』とイスラーム法解釈法の構造　［四戸潤弥］

II 混迷のイスラーム社会

第4章　パレスチナ／イスラエルにおける政治と宗教
　　　　——二〇一五年アル・アクサー・モスク事件をめぐって　［臼杵陽］

第5章　テロリズムとジェンダー——「イスラーム国」の出現と女性の役割　［辻上奈美江］

III 現代シーア派の特徴

第6章　現代ドゥルーズ派の自己表象　［菊地達也］

第7章　十二イマーム・シーア派は何を祈るのか　［吉田京子］

第8章　イスラームにおける生殖補助医療——シーア派を中心に　［青柳かおる］

IV 故郷を離れて

第9章　米国におけるイスラーム——「イスラーム嫌悪症」と反シャリーア運動　［泉淳］

第10章　フランス・ムスリム移民たちの活動
　　　　——パリ郊外でのモスク建設計画からみる地域と人びと　［植村清加］

第11章　イスラーム世界のマイノリティ——コプト・キリスト教徒のディアスポラ　［岩崎真紀］

V イスラーム社会の将来を信じて

第12章　イスラーム社会とジェンダー——マグリブ女性の事例を中心に　［宮治美江子］

第13章　エジプト公教育の苦悩——「植民地」支配から教育格差まで　［池田美佐子］

第14章　神の教えとムスリムたちの社会
　　　　——エジプト・ミニア市とインドネシア・ガルット市における教育現場から　［阿久津正幸］

第15章　パレスチナ文化復興運動——タウフィーク・カナアーンの民衆信仰研究　［田浪亜央江］

第16章　利子なし銀行の発展と実態——ヨルダンにおけるイスラーム金融の行方［上山一］

《価格は本体価格です》